En SUS Manos

M000200012

JUAN MANUEL MONTAÑEZ

EDITORIAL
DESAFÍO

En sus manos por Juan Manuel Montañez

© 2019 Publicado por Asociación Editorial Buena Semilla bajo su sello de Editorial Desafío.

Todos los derechos reservados.

Prohibida su reproducción total o parcial por sistemas de impresión, fotocopias, audiovisuales, grabaciones o cualquier medio, menos citas breves, sin permiso por escrito del editor.

Edición: Fabián Díaz A. - Editorial ZOE
Fotografía: Carlos Andrés Celis
Diseño y Diagramación: Brenda Bustacara

Publicado y distribuido por Editorial Desafío
Cra. 28ª No. 64A-34, Bogotá, Colombia
Tel (571) 630 0100

E-mail: contacto@editorialdesafio.com
www.editorialdesafio.com
www.libreriadesafio.com

Categoría: Biografía / Inspiración
ISBN: 978-958-737-168-0

Impreso en Colombia
Printed in Colombia

DEDICATORIA

A Dios: ¡el Autor y Compositor de mi vida!

AGRADECIMIENTOS

Primero y sobre todas las cosas, Gracias a Dios Padre, Hijo y Espíritu Santo.

A mi esposa Paola Cuellar, porque cuando nadie creía, tu lo hiciste. Gracias por tanto amor, fortaleza, cuidado, apoyo y oraciones que todos los días me das de manera incondicional. Por tu fe inquebrantable. Te amo.

A mis hijas: María Paula, Juana y Catalina, por su valentía, amor y ternura, porque el solo verlas sonreír, me hace recordar la fidelidad de Dios.

Gracias a mis papás Fabio y Blanca Marina, por haber sido sólidos pilares de apoyo en mi vida y cuidarme en tantos momentos.

A mis suegros, Gladys y Alfonso, por su amor incondicional y acogerme en su familia.

A todos aquellos que han hecho parte de mi andar en estos 42 años, a mis familiares, amigos y compañeros que me han ayudado, impulsado, estimulado y bendecido. Gracias. Han sido parte fundamental en mi vida.

A ti por tomarte un tiempo para leer y compartir esta historia.

¡Gracias!

CONTENIDO

CAPÍTULO 1

Desde siempre

Mayo de 2013, la luz traspasa la ventana, el agua caliente cae sobre mi cabeza, escurriéndose desde un platón lleno de jabón. Yo, quieto, acostado en la Unidad de Cuidados Intensivos, en un hospital de Bogotá, estoy recién amputado, totalmente dopado. Lágrimas, que salen de lo profundo de mi corazón, corren por mis mejillas, se confunden y se unen al agua caliente que me están derramando para bañarme, porque no puedo hacerlo por mí mismo, no puedo moverme. Veo y siento todo en medio de mi mayor dolor, sin piernas, totalmente dopado con morfina, sin nada que pueda hacer. No alcanzo a ocupar con mi cuerpo ni siquiera la mitad de la cama porque ¡mis piernas ya no están, pero las siento! Las busco ¡pero no las veo!, intento enderezarme, pero ¡no lo puedo hacer!

Lo que sí vi en esa cama fue a Dios abrazándome. Él, a manera de luz resplandeciente que se traslucía por las rejillas de la ventana, estaba consolándome y acariciándome como al hijo, ese pedacito de ser humano, al que ama, que amó y amará en la condición de mi mayor dolor, en mi mayor oscuridad y pecado también, en mi impotencia total, Él fue mi luz, brillo, soplo suave, agua caliente y bálsamo. Él fue mi amor y hasta mi música, no recuerdo cuál canción alcanzaba a escuchar en el radio transistor pequeño del jefe de la UCI, que sonaba a lo lejos, pero cualquiera que haya sido, mi Dios, mi padre amado, hasta eso usó para calmar mi corazón y cantarme y decirme: *"ya casi, ya casi hijo mío, que te amo, ya casi todo esto va a pasar, verás la luz de mi Misericordia y de mi Amor, verás mi Poder de una nueva manera, de manera diferente, hay algunas batallas más por librar, pero YO SOY, voy contigo, hay mucho más para qué vivir, y me conocerás más pegado a ti, y más cerquita de mi Corazón."*

El Comienzo

Mi nombre es Juan Manuel y quiero contarles esta, mi historia, y como es lógico, quiero y debo empezar por el principio, y aunque es una historia larga, quiero contársela de la manera más tranquila y sencilla, pero con la mayor cantidad de detalles y recuerdos de todo lo que he vivido.

Nací en una familia como cualquier otra, compuesta por papá, mamá y dos hijos varones. Mis padres de un entorno social más o menos acomodado y de trasfondo católico, como la mayoría en Bogotá, Colombia.

Mi papá, Fabio Montañez, firme, amoroso -a su manera-. Mamá, Blanca Marina Zuluaga, alegre, persistente, mujer de fe y cariñosa, a veces sobreprotectora. Mi hermano mayor, Carlos Andrés, nació como primogénito, llenando parte de la alegría de este nuevo hogar, rubio, ojiazul, muy lindo la verdad, sano, como siempre desean y sueñan todos los padres que sean sus hijos desde que salen del vientre de mamá. Dos años y medio más tarde nací yo, de nuevo todo enmarcado en expectativas, planes y felicidad. Todo padre y madre siempre sueña y anhela lo mejor para sus hijos y lo enmarca en una simple frase evocativa: *"mis hijos van a ser…"* Nací creo que bonito, también… ja jajá, morenito, ojos oscuros, y sé también que fui hermoso para mis padres desde el momento que me vieron.

Los primeros 6 meses de mi vida, cuentan ellos, fueron totalmente normales. Un bebé que trajo gozo y fue la segunda alegría que había llegado al hogar Montañez Zuluaga. Había llegado para quedarse y completar la felicidad de esta familia setentera naciente.

Al cerrar mis ojos, recuerdo de mi primera infancia la sensación que tenía. Viene a mi mente un lugar muy oscuro donde me encontraba llorando, con poca luz, al lado de médicos, clínicas, y con muchos dolores. Noches en vela sufriendo fuertemente, mis padres afanados corriendo a ver dónde podían conseguir medicamentos o sangre que me aliviaran los dolores y mi situación de salud. No entendía lo que sentía y lo que estaba viviendo.

Dios en Bata Blanca

Mayo del año 1977, después de haber pasado 6 meses de vida, un día nos fuimos de paseo a Melgar, un lugar muy cercano a Bogotá, de tierra caliente y piscina. Pasados unos días, mi madre cuenta que oyó mi llanto, el llanto de un bebecito, pero que estaba haciéndolo de manera diferente. Entonces se acercó a la cuna y me agarró con sus dos manos para levantarme y todo mi cuerpo se desgonzaba. Además, se dio cuenta que mi mano izquierda temblaba mucho y de manera constante. Preocupados, fueron a una clínica local en ese municipio y los médicos, al no saber qué hacer después de examinarme, les dijeron: *"es mejor que ustedes interrumpan sus vacaciones y se vayan inmediatamente para Bogotá a donde un médico especialista"*. La tensión y la preocupación de mis papás empezaron a crecer, y aún más cuando el médico añadió: *"el niño está convulsionando, debe tener ya algún problema cerebral"*. Inmediatamente cancelaron el paseo y regresaron a Bogotá. Más o menos en la mitad del trayecto, el capó del carro -la tapa que cubre el motor- en el que venían empezó a echar humo, de tal forma que tuvieron que parar. Conmigo aún convulsionando dentro del carro, salieron del vehículo y, al abrir la tapa del motor, se dieron cuenta que ya parte de este se estaba quemando y había llamas encendidas. Con la confusión reinante y el afán de llegar pronto a Bogotá, lo apagaron, esperaron un tiempo y afortunadamente, como el daño fue superficial, pudieron seguir su camino a la capital.

Al llegar tuvieron primero que ir a la casa a dejar a mi hermano Carlos Andrés, que en ese entonces tenía 2 años y medio, con los abuelos. Salieron corriendo a llevarme al Hospital Infantil Lorencita Villegas, pero antes de salir, a mi madre se le ocurrió -por esas cosas de intuición de las mamás- preguntarle a la señora que le ayudaba en los oficios domésticos de la casa, si antes de salir al paseo de Melgar había pasado algo conmigo. Ella, con voz temblorosa le confesó que dos días antes de salir al viaje, me tomó en los brazos para levantarme y que literalmente me le escurrí como mantequilla en sus brazos, me caí al piso, al parecer ahí tuve un golpe muy fuerte en la cabeza.

Durante todo el trayecto al hospital seguía convulsionando cada vez más. Me recibieron en urgencias, necesitaba que me examinara un neurólogo, pues cada segundo que pasaba aumentaba el riesgo de muerte inminente. Mi madre, entre llantos, un día me confesó: *"Juan Manuel, estaba tan desesperada que parecía una loca buscando quién te atendiera…"* En medio del dolor, la angustia y la urgente necesidad de que apareciera alguien que me atendiera, de reojo vio una reunión de médicos, no sabía si era una junta, o una conferencia, pero lo que fuera, no importó para irrumpir desesperada por lo que estaba ocurriendo conmigo y les dijo a todos en voz alta y entre lágrimas: *"¡Mi hijo se está muriendo, por favor vengan a verlo!"*. Salieron a observarme y entre ellos estaba una eminencia en neurología, el doctor José Tomás Posada, quien se disgustó mucho con mi madre por interrumpirle de esa manera tan intempestiva su intervención, pero al final, al ver la desesperación de mis papás, entendió y fue a verme.

Yo, Juan Manuel, de 6 meses de edad, estaba en la cama-cuna de urgencias con la cabeza totalmente inflamada. Era una hemorragia cerebral y continuaba convulsionando. La primera orden que dio el médico fue que rápidamente me hicieran una punción lumbar y una cerebral. Al efectuarlas, salió todo el líquido con mucha sangre. Preocupados aún más todos y ya los médicos con las alarmas prendidas, el doctor Posada dijo: *"hay que abrirle la cabeza, lo que el niño tiene es un tumor cerebral"*. No me alcanzo a imaginar qué pasaría por la mente y el corazón de mi papá y mi mamá en esos momentos, después de tanta expectativa positiva, después de creer sentir y ver a su segundo hijo lleno de vida durante un tiempo, llegaba inesperadamente esta realidad.

Años después cuando le pedí a mis papás que me contaran todo esto, mi padre, con lágrimas en sus ojos, atinó a decir: *"estábamos desconsolados, no sabíamos qué hacer"*. Mamá añadió: *"me sentía perdida en una situación terriblemente dolorosa"*. Finalizó mi papá diciendo: *"nunca un papá está preparado para esto, para ver a su hijo morir"*. Para terminar de completar, otro médico que estaba trabajando conjuntamente en mi caso, con la mayor frialdad y sin ningún reparo, les soltó una frase sin ninguna ética, ni compasión: *"es mejor que alisten el ataúd, pues su niño de esta noche no pasa"*. Todo estaba listo para que muriera ese mismo día, pues seguía convulsionando con la mano derecha y ahora también con toda la cabeza. La hemorragia cerebral estaba a un nivel que pronosticaba mi muerte inminente.

Desahuciado por todos y con mi cabeza totalmente a reventar por la hemorragia interna; súbita y providencialmente pasó un médico que venía caminando lentamente por el pasillo. Era alto, moreno, bien parecido y con bata blanca. Llegó a la puerta de la habitación donde estaba muriendo, se asomó, me observó y vio a mis padres desconsolados, entró y un segundo después acertó a decir siete palabras que cambiarían todo el panorama: *"a este niño hay que ponerle sangre"*. Inmediatamente me aplicaron una bolsa completa de sangre 0 positivo. Milagrosamente, después de unos minutos, empecé a reaccionar, a calmarme. Las convulsiones empezaron a bajar, así como la hemorragia y reviví, gracias a Dios.

Aproximadamente una hora después de que mis signos vitales se estabilizaran, mis padres, con mucha emoción y con un sentido de agradecimiento total por lo que había pasado, fueron a buscar al médico que había dado la orden. Lo buscaron y preguntaron por él indicando sus características físicas, también en la lista de médicos de turno que estaban ese día, en las bitácoras de las enfermeras, por todos lados, pero nadie, nadie supo de quién se trataba, nadie supo quién dio la orden de ponerme sangre, ni siquiera había un registro de tal orden en mi historia clínica. ¡Dicho médico no existía¡ ¿Quién hizo eso? Fue Dios mismo. Un milagro, literalmente un ángel de Dios con bata blanca cuidando mi vida desde antes de tener uso de razón.

Dios envía Su Protección sobrenatural sobre nuestras vidas, lo hizo conmigo y sé que lo ha hecho y puede hacerlo contigo, amado lector.

La Palabra de Dios nos dice: *desde antes de la creación del mundo yo te amé, yo te formé* (desde el vientre) y Dios nos cuida y nos protege aun antes de conocernos para cumplir sus Propósitos Eternos.

En Jeremías 1:5 NVI

«*Antes de formarte en el vientre,
ya te había elegido;
antes de que nacieras,
ya te había apartado;
te había nombrado profeta para las naciones*».

Es Dios diciéndome y diciéndote: *"yo soy tu dueño, eres mío desde siempre y desde antes de tu existencia acá en la tierra porque ya existías en mi corazón".* El Amor de Dios es tan Grande y Eterno que sobrepasa tu tiempo y mi tiempo tanto para adelante como para atrás.

Salmo 139:13 NVI

Tú creaste mis entrañas;
me formaste en el vientre de mi madre.

Todos mis días estaban ya escritos en tu libro, Dios, dice el Salmo 139. Él, el Dios del Universo, se tomó el trabajo y la dedicación tan amorosa de formarnos y pintarnos con sus dedos en el vientre de nuestras madres, teniendo todo tan fríamente calculado, que es su Mano la que nos sostiene; incluso en medio de la muerte, para traer vida. Sé que te ha pasado, que Él ha enviado su Mano Protectora, sus Ángeles, y te ha salvado de la muerte miles de veces, así tú no lo veas, yo soy testigo de esto, y si tú no quieres decir mentiras, tienes que decir lo mismo: *yo soy testigo de tu Mano protectora Dios*, porque lo que Él quiere es acercarse a ti, a mí, y que lo conozcamos como Padre Amoroso y Todopoderoso. Después de que nos busca y atrae con tanto Amor, nos cuida, nos protege y hace cosas sobrenaturales para cuidarnos como hijos. Sin que mis papás lo conocieran, Él mostraba su Cuidado y Poder; sin yo tener conciencia de nada, me estaba cuidando y preparando para vivir de su Mano miles de circunstancias; para solo mostrar su Gloria, su Amor y sus Milagros.

Incertidumbre

Luego de esta primera intervención sobrenatural de Dios, volvieron a hacerme muchos exámenes. Primero para ver qué secuelas habían quedado después de tantas convulsiones repetitivas y tan prolongadas. Además, les recomendaron a mis padres consultar a un hematólogo, el doctor Ospina, para que me hiciera los exámenes de sangre pertinentes. Al llegar al consultorio de neurología, en la sala de espera, mis padres se encontraron con un panorama otra vez muy desalentador y doloroso; todos los pacientes que estaban ahí, de diferentes edades, sobre todo niños, y algunos jóvenes, tenían problemas de retraso mental, dificultades cognitivas, unos estaban con la mirada perdida y algunos con dificultades severas de movimiento. Ellos no podían creer ni dimensionar que su hijo fuera a quedar así, y era el panorama latente. La frase de los médicos que resonaba en sus cabezas era: *"hay que esperar cómo evoluciona el niño, pues después de tantas convulsiones las perspectivas no son nada buenas, puede quedar con retraso mental"*. Lloraban en secreto al pensar en todo esto.

Miles de emociones encontradas, llanto y el no saber qué hacer o esperar, las expectativas del niño sano y lleno de vida, aun después de ese irrefutable primer milagro de Dios salvándome de la muerte, por intervención directamente de Su Mano; se seguían desboronando. Fueron por lo menos dos años en los cuales me hacían toda clase de juegos o *"pruebas"* porque lo más probable era que yo quedara con problemas severos también en mi cerebro debido al fuerte derrame cerebral, la gran cantidad de sangre que presionó mi cabeza y las 2 punciones que me hicieron para drenar un poco la hemorragia.

Mis padres estuvieron expectantes, decían los médicos que yo llegaba máximo a los 8 o 10 años, pero no fue así. Hoy, a mis 42 años, puedo escribir y compartir estas líneas con total gratitud y en plena lucidez mental. Nos remitieron para nuevas pruebas de sangre. Nunca se sabrá el porqué, pero la doctora que me atendió decidió sacarme la prueba por la yugular. Aún me pregunto ¿cómo es posible esto?, y a un niño de solo 6 meses, no sé si se acostumbraba eso medicamente, pero el solo pensarlo me da escalofrío. Duré sangrando por el cuello toda la noche y el día siguiente. Finalmente se controló mediante otra trasfusión y el resultado de las primeras pruebas fue: *Afrinogenemía congénita*. Mis padres, buscando otras opiniones y, sobre todo, nuevas esperanzas para su desconsuelo permanente, enviaron los exámenes a un especialista en Estados Unidos, quien finalmente diagnosticó lo que enmarcaría mi vida y sería en muchos aspectos el hilo conductor para gran parte de mi existencia y también para evidenciar los Milagros y el Poder de Dios, sin que en ese entonces ellos entendieran y mucho menos yo, que era parte de un perfecto y predestinado plan para mi vida. Había sido sellado con *Hemofilia A Severa*.

"Herencia de la Realeza"

El Nombre suena un poco raro. Algunos sabrán o están familia-rizados con esta enfermedad, pero sé claramente que muchos de los que están leyendo esta historia no saben o entienden lo que es, por ello debo explicarles un poco acerca de esta.

La hemofilia es una enfermedad congénita incurable trasmiti-da de madre a hijo varón, que incluso es médicamente incurable (actualmente están evaluando una posibilidad a través de tras-plante de hígado). Está entre las denominadas enfermedades ca-tastróficas para el sistema de salud en Colombia, porque es de altísimo costo y su manejo es crónico y sus secuelas son dege-nerativas. Los hemofílicos sufren de deficiencia del factor octavo de coagulación de la sangre. Dicho en ¨cristiano¨ más entendible es que la sangre no coagula y cualquier cortada, o golpe fuerte o suave produce una hemorragia interna o externa que no para si no se aplica el factor octavo necesario. Ese factor es el medica-mento imprescindible para subir los niveles de coagulación de un hemofílico. Todo esto se hace vía intravenosa.

Hay tres tipos de hemofilia: A, B y C. Yo heredé la hemofilia A severa, que consiste en tener menos del 1% de coagulación en la sangre. Una persona normal tiene entre el 65 y 75% de este factor de coagulación. Nací con el 0.32 por ciento, prácticamen-te casi agua circula por mis venas. Debido a este bajísimo nivel de coagulación ocurren hemorragias espontáneas sin necesidad de ningún trauma o un golpe. Aparecen en articulaciones, tejido blando, hemorragias por la nariz, por la orina, por el ano, inclusi-ve en órganos vitales, convirtiendo siempre para los hemofílicos cualquier sangrado en riesgo de muerte.

Volviendo al tema de que es una enfermedad congénita, es decir, hereditaria, les realizaron exámenes a mis padres, abuelos, tíos y familiares, pero por ningún lado de la cadena salió rastro del gen de la hemofilia. Los médicos dijeron que a veces esto ocurría, que podía ser un gen recesivo o una mutación. Esta "lotería" que me había correspondido fue la históricamente conocida como la enfermedad de los zares de Rusia. Ha sido usada como parte del Plan de Dios, que va por encima de lo que alguien pueda entender.

En mis primeros años de vida me aplicaban entre los medicamentos para controlar la enfermedad, derivados de la sangre, tales como críoprecipitados o plasma (un líquido amarillo viscoso que viene en bolsas) y cuando no se conseguía, me aplicaban solo sangre para subir mis niveles de coagulación. A esta sangre y derivados en ese momento no la pasaban por casi ningún control de enfermedades transmisibles por vía sanguínea.

Con la tremendamente difícil noticia ya confirmada, y después de tantos sobresaltos en urgencias como una montaña rusa de sentimientos, mis padres regresaron a casa. Mamá cuenta que cuando llegaron se desplomaron sobre el sillón de la sala pensando: "¿qué vamos a hacer?" Ella quitó todos los muebles que tenían puntas y forró toda la cuna con espumas, por temor de que me golpeara y sufriera un sangrado interno.

Vida de cristal

La familia debía ir regresando a la normalidad de alguna manera. Días después, mi padre, al retomar sus labores, viajó a Cali y durante esa ocasión salimos con mi mamá y mi hermano Carlos Andrés a la lavandería. Íbamos dos niños de brazos, montados en el coche de bebés. En un momento a ella se le olvidó sacar un vestido y nos dejó por 2 minutos. Cuando regresó yo estaba con la cabeza en el asfalto. Mamá me recogió, pero obviamente presentía que algo grave me había ocurrido en la cabeza. Decidió en primera instancia no llamar al médico ni a mi padre. Llegamos a casa, me acostó en mi cuna, pero a media noche yo no paraba de llorar. Se levantó y cuando me vio, cuenta ella que yo parecía un "simio" o "monstruo" porque mi cabeza había duplicado su tamaño. En medio de la desesperación llamó a mi papá y mientras él regresaba de Cali, de la angustia y desesperación por no saber qué hacer, mamá se cortó completamente el pelo con unas tijeras. No alcanzo a imaginar lo que pasaría por el corazón y la cabeza de ella, sin esperanza, viendo a su hijo muriendo nuevamente y deformado como un monstruo, con la cabeza como una pelota de basquetbol.

A las 8 am llegó mi papá. Al verme quedó aterrado porque yo estaba irreconocible. Salieron corriendo a urgencias, me atendieron poniendo nuevamente varias unidades de sangre, y gracias a Dios, que estaba cuidándome nuevamente, no me dejó morir. Volví a estabilizarme y empezó a bajar la hemorragia cerebral poco a poco.

Estando en esa clínica fueron a visitar a mis papás varias personas, entre ellas dos amigas de mamá y, oh sorpresa e imprudencia, sucedió lo que menos necesitaban mis padres, que una de ellas dijera: *"definitivamente al hijo bobo es al que más quiere uno"*. Aparte del dolor de verme así, mi mamá se sintió apuñalada en el corazón y más sumida en el dolor y depresión por todo esto que les estaba aconteciendo.

Conmigo ya más estable salieron de la clínica a tratar de llevar esta nueva vida que les había correspondido, llena de pensamientos de desconcierto de que todo lo que iba a ser alegría y felicidad en mi vida ya nunca sería posible. Muchos altibajos todo el tiempo, cuidándome como si yo fuera algo intocable. Crecía pero con muchas complicaciones. El gateo fue todo un drama, me forraron los codos y las rodillas con vendas para que no me lastimara y sangrara y, cuando sucedía, tenían que salir corriendo a la clínica a ponerme sangre. Una vez tras otra me pasaban situaciones que me tuvieron al borde de la muerte. Sin saberlo aún, Dios siempre estaba y estuvo ahí. Bajo su cuidado y protección real como lo dice su Palabra:

Fui puesto a tu cuidado
desde antes de nacer;
desde el vientre de mi madre
mi Dios eres tú.

Salmo 22:10 NVI

En mi familia nadie conocía a Jesús Sanador y Todopoderoso. Él seguía poniendo su Mano, su Fidelidad estuvo presente, ha estado y ¡sé que estará presente siempre!

CAPÍTULO 2

Cuando el mundo empieza a doler

Había un Sol muy brillante, el jardín no muy grande pero bien bonito y ahí estábamos jugando un rato con mi hermano esa tarde en la casa de Bogotá, en el barrio Malibú. En esa casa blanca, grande, de dos pisos, en medio del juego, oímos un ruido como de maquinaria o tractores que venía del otro lado del muro del jardín, pero no le prestamos atención. No sé por qué, de un momento a otro, decidimos parar y salir un rato de ahí. A los dos minutos de haber salido, el tractor tiró abajo dicho muro como de tres metros, que cayó sobre el jardín. Si hubiéramos permanecido ahí jugando nos habría caído encima y nos hubiera aplastado. Eso fue en el año 1980, yo tenía 4 años. Todos quedamos muy asustados. ¨No pasó nada de milagro¨, era la frase. Así es, Dios nuevamente, sin verlo, estuvo presente ahí, moviéndonos de un lado a otro. Se hacía real la Palabra de Dios y sus promesas, como dice en el Salmo 91:

"Él mandará sus ángeles que te guarden en tus caminos, sobre las manos te llevarán para que no tropiece tu pie en piedra". ¡Literalmente así fue!

Él guardará tu vida, tu salida y tu entrada desde ahora y para siempre, sin siquiera saber en ese momento que estas promesas existían, se seguían haciendo reales en mi vida. Dios trasciende nuestro conocimiento.

Los dolores que siempre estuvieron presentes, comenzaban, por ejemplo, con el ser yo "consciente" de una articulación afectada de la rodilla, del tobillo, también podía ser del codo o el brazo. Empezaba a sudarme la piel, a inflamarse y ponerse caliente y a incrementarse el dolor progresiva y rápidamente por la presión de la sangre en la articulación. Al transcurrir las horas aumentaba la inmovilidad, que no paraba con nada si no me aplicaban el crioprecipitado, el medicamento en ese entonces. Simultáneamente, y a medida que todo esto aumentaba, tenía que inmovilizar la articulación con lo que fuera, a veces vendas, o bufandas cocidas a mano, o con el saco que lo amarraba y me colgaba el brazo para dejarlo quieto. Si era rodilla o tobillos no podía ni que me miraran, quedaba totalmente incapacitado.

Cada episodio de estos era literalmente una agonía. Recuerdo que a veces me tocaba pasar toda la noche con el codo o tobillo metido en un balde con agua y hielo con el fin de tratar de mitigar el dolor y la inflamación. Eran noches enteras llorando y con mucho dolor. Noches o días en los cuales, inclusive, pasaba horas aguantando mientras conseguían el medicamento. El cansancio y el agotamiento hacían que me quedara privado en la cama. Eran por lo menos de tres a cuatro horas de espera con la hemorragia incrementándose en mis articulaciones. Casi nunca se lograba conseguir el medicamento rápido.

La limitación e imposibilidad de mover mis miembros era tal, que incluso después de haber tomado medicamentos para el dolor, este no me pasaba rápidamente. Si hubiera podido conseguir algo para cortarme o arrancarme la articulación, aunque sé que suena extremo o sórdido, lo hubiera hecho para acabar con esa agonía. Me desgarraba solo en las noches, en mi cuarto o en un baño a causa de esos dolores. Me duele solo recordarlo. Horas y horas, preguntas y preguntas, dolores y más dolores. "¿Dónde está Dios?, ¿dónde estás?", palabras que en medio de esos momentos muchas veces salían, y que siempre en la angustia y desesperación todos decimos en son de reclamo. Yo las lloraba, decía, gritaba, mirando al Cielo; sin oír o recibir respuesta alguna. Solo el murmullo silencioso en las noches, pero ahí Dios también, en el murmullo del silencio y en los más grandes dolores, ahora sé claramente que estuvo a mi lado. A pesar de todo esto, mis padres siempre procuraban hacer nuestra vida lo más normal posible; aunque no lo era en absoluto. Cuando salíamos a veces de paseo al Club del Bosque en Fusa, Cundinamarca, jugaba con mi hermano teniendo todos los cuidados y precauciones requeridas. También hubo muchos momentos lindos y felices con mis papás y mi hermano.

La Mancha De Chocolate

En el año 1982 empezó una nueva etapa al irnos a vivir a las afueras de la ciudad, a Cota, un municipio a ocho kilómetros aproximadamente de la ciudad de Bogotá, donde hay campo, mucha zona verde, vacas, árboles, gallinas, en frente una montaña, un sitio de mucha tranquilidad donde se respira aire puro y en donde se puede ver y sentir a Dios más cerca al contemplar la hermosura del paisaje.

Estábamos felices y llenos de expectativas con este comienzo y un nuevo lugar donde vivir, quizá un poco lejos de la ciudad para ese entonces. Ahí aprendí a jugar en la arenera, hice mis primeros intentos de montar en bicicleta, jugábamos a escondernos entre los maizales que cada cierto tiempo se sembraban en la finca; tantas cosas, muchas navidades, muchos años nuevos. Ahí fue donde pasamos de tener un televisor en blanco y negro a uno más moderno y a colores y con control remoto. Luego vino el Betamax, el Atari o jueguitos de video en los que pasaba muchas horas sentado porque me fascinaban e, incluso, a veces lo usaba para pasar tiempo en cama durante las hemorragias e incapacidades en casa. Había empezado a estudiar en el kínder inferior del colegio Gimnasio Campestre, en Bogotá. Todos los días era el paseo de ida y regreso de la casa al colegio y viceversa. Un muy buen colegio al que le tengo toda mi gratitud, y al cual ingresé con todas las precauciones y recomendaciones previas, tanto para los compañeritos, como para los profesores. Obviamente, tratando de vivir y jugar normalmente, pero la realidad era otra, con muchas advertencias: no, no puedes… hacer esto o aquello, no puedes jugar igual que los otros niños, ni hacer ejercicios fuertes.

Empezando la primaria, a los 6 años tuve una septicemia, esto es una infección en el torrente sanguíneo que me inyectaron con los crioprecipitados, porque la medicina que me ponen son derivados de sangre humana con múltiples riesgos de contagio. En ese entonces fue una infección que se manifestó en mi cuerpo a manera de herpes. Sangre, sangre, sangre, era una palabra que tenía cada vez más muchos significados.

Duré dos meses hospitalizado en el Hospital Militar Central de Bogotá. A mis papás nuevamente les dijeron: *"está muy mal el niño, se va a morir"*. Fue muy complejo el manejo, la infección la trataron con muchos antibióticos y medicamentos adicionales. Recuerdo el cuarto del hospital, frio y en un piso muy alto, en el cual seguía sin comprender todo lo que me pasaba a cada rato, y por qué estaba en clínica tras clínica, hospital tras hospital. Nuevamente salí vivo de esta situación, sin embargo, Dios seguía mostrando Su Control, Soberanía y Poder por encima de cualquier cosa. A raíz del herpes me quedó como secuela una mancha muy notoria en la cara, en la parte de la boca, me salió alrededor de los labios una costra oscura, asquerosa y dolorosa. Esto hacía que me mirara a través del espejo y me sintiera muy acomplejado. Me daba vergüenza. "Qué me pasa mami?, qué me pasa papi?" Iban poco a poco saliendo más seguido estas preguntas de mi boca hacia mis padres, de esa boca que en ese momento estaba llena de pus e infección y no la podía casi abrir porque los pliegues de los labios se me quebraban y dolían. Tenía que comer solo cosas blandas fáciles de digerir. Al volver al colegio en medio de los recreos y patios, algunos niños, con la sinceridad característica, a veces un poco crueles, sin más ni más al mirarme y poner sus ojos en mi cara me decían y empezaban entre risas a hablarme y a grito herido decir: *"¡eh, mire, se le regó el chocolate en la cara y no se limpió, ja jajá, qué bobo!"*. Esto me partía el alma con lágrimas.

Lo decían a manera de broma, niños de mi edad, 6 o 7 años, de mi curso o de otro, no los juzgo, porque ellos son, por esencia, inocentes. Pero a veces todos los niños son así. Era muy duro y doloroso en mi interior y mi corazón, y el solo hecho de tener que tratar de explicar la razón real por la cual tenía mi cara manchada y con ese herpes me hacía revivir todo y nuevamente me hacía llorar y llorar; no era capaz de decirles nada. Me quedaba en silencio, sin palabras. No sabían y no entendían que había nacido con una enfermedad mortal que me había causado todo eso.

Me daba mucha rabia, empezaba a darme cuenta que era diferente a los demás. *"La vida es como una caja de chocolates, nunca sabes lo que te va a salir"*. La famosa frase que citaba Forrest Gump acordándose de su mamá cuando trataba de explicarle a él lo que era la vida. Y algo así más o menos iba siendo la mía también. Un día nuevo, un "chocolate nuevo", una sorpresa. Amargos algunos, otros dulces, o insípidos, de diferente clase; así es la vida, momentos de incertidumbre. ¿Qué va a pasar ahora?, ¿qué va a pasar mañana?, mis padres y yo no lo sabíamos y nadie lo sabe. Lo más hermoso es saber hoy que hay Alguien, Dios, que ¡sí sabe todo!

Sueños de correr

Tuve también que usar botas ortopédicas, muy parecidas a las que usó Forrest en su película, unos botines duros, altos, con dos varillas a lado y lado de los tobillos y parte de las piernas. Iba al colegio así durante un tiempo, eran para proteger las articulaciones de los tobillos, que fueron las que más sangraron, junto con los codos durante la primaria. No faltaron también los comentarios de burla que a veces en el colegio algunos niños me decían el Mazinger Z, que era el Transformer del momento; porque me veía y caminaba como un robot con esas *"piernas de metal"*.

En fotos salía con las botas y me daban ganas de romperlas, me miraba al espejo con esos *"lindos"* zapatos, entonces renegaba y no quería ni volver a mirar. Mi imagen personal ya no me empezaba a gustar, empezaba a verme al espejo y no me gustaba lo que veía. ¿Qué era yo?, porque támbien cuando salía a jugar lo que percibía era que se fijaban en mis piernas de robot, o en mi forma de caminar, o en las muletas que usaba, porque poco a poco las tenía que usar más seguido e iba siendo lo más evidente cuando me miraban. Específicamente hubo un momento muy triste que marcó más mi falta de amor propio y el auto rechazo que crecía en mí progresivamente. Un niño, de quien no recuerdo el nombre, pero sí más o menos su cara, que era de los ¨traviesos¨ del curso, me gritaba ¨el cojito¨, para burlarse de mí porque iba muchas veces en muletas al colegio, o no caminaba bien. El inválido, *"mire usted, ¡es un inválido, inválido!"* y se reía. A veces me defendía de él con palabras, a veces le respondía, otras no, pero siempre yo lloraba, frustrado, tratando de seguir como si nada, pero era imposible ignorarlo, retumbaban sus palabras al oírlo constantemente y luego en mis momentos de soledad.

De esta forma crecían mis peleas con Dios más fuerte e intensamente, era inevitable, se iban acumulando millones de sentimientos y pensamientos. Un Dios que creía que estaba en algún lado, pero no lo conocía; no lo veía, era evidente que Él no había dejado que muriera, pero mi cuerpo y lo que sentía tanto en mi físico y mi corazón me decían otra cosa, hablaba más fuerte el dolor y le daba más atención a eso porque era imposible no hacerlo, que a un Dios que siempre le dicen a uno que es supuestamente amoroso, pero al cual yo siempre cuestionaba, le gritaba, le peleaba aun a esa corta edad. ¿Por qué?, ¿por qué, Dios?, ¿por qué todo esto? Así lo hacemos todos en muchas circunstancias de la vida. Dios sabe que tú lo has hecho así, al igual que yo. Escondido en lugares físicos y en el secreto de mis pensamientos, lloraba, lloraba mucho y peleaba, no comprendía nada, lo único que podía hacer era tratar de aguantar la situación.

Una noche, encerrado en el bañó que estaba junto a mi cuarto en la casa de Cota, por primera vez deseé morirme. Gritaba en medio del dolor de una hemorragia en un brazo, la frustración, el no entender nada y no ver ningún cambio favorable en mi salud, sollozaba, y seguía diciendo: ¿Por qué Dios?, si Tú existes y me pasa esto, ¡si no he hecho nada! Y ahí también en medio del dolor y la angustia, alcanzaron a salir de mis labios palabras duras como: *"Dios, no te creo"*, *"no existes"*, *"si existieras no me pasaría esto"*, y decía: *"haría lo que fuera, lo que sea porque no me duela más"*. *"Me quiero morir"*, gritaba, *"no quiero seguir viviendo"*. Pero cada noche volvía el día y volvía a amanecer y había que seguir viviendo.

Finalizando la primaria -en quinto grado más exactamente- cuando tenía 10 años, recuerdo que un viernes sonó el teléfono y salí corriendo a contestar. No vi bien por dónde pasaba y me golpee fuerte con la punta de una silla en la rodilla izquierda. Me dolió muchísimo y me apliqué los crioprecipitados. El sangrado interno en la articulación se controló un poco, pero luego de un día se descontroló totalmente y volvió a sangrar por lo intenso de ese golpe. Parecía una pelota de futbol en la rodilla, llena de sangre presionando la articulación y yo lleno de dolor. Duré incapacitado un mes.

Desde ese diciembre, cuando estuve en cama, empecé a sangrar mucho y recurrentemente por esa rodilla. A partir de ahí ese sería uno de los puntos más dolorosos de mi cuerpo y que se iría deteriorando progresivamente. Un talón de Aquiles, el cual me produciría muchas lágrimas y también encuentros con *"El Dios No Conocido"*, que sabía que por ahí andaba, pero yo creía que me ignoraba, incluso lo sentía, pero por todo lo que vivía tan duro no quería ni siquiera devolverle una mirada, sino reclamos y peleas. Y los obvios: ¿porqués? Sin embargo, siempre la Presencia del Creador y su Protección estuvo. Nunca lo podré negar. Porque Él nos ama, nos acepta y nos planea; pero ¿cuánto tiempo tú y yo hemos pasado peleando sin saber esto o sin querer entender el Amor del Señor? Así es, en medio de todo está Él, es el Primero y es el Último. Cuando tú y yo nacimos Él ya estaba acá y por eso nos conoce desde el principio hasta lo último de nuestros días. Como dice la Palabra: "Con Amor Eterno, por eso te prolongué mi misericordia".

Hace tiempo el Señor le dijo a Israel:
«Yo te he amado, pueblo mío, con un amor eterno.
Con amor inagotable te acerqué a mí.
Jeremías 31:3 NTV

Tan grande y tan planeado todo, que poco a poco Él, Dueño del universo, se iba acercando a mi familia y a mí. Si, en medio del dolor y la enfermedad y todos esos momentos tan difíciles, iba dando pasos y pasos de amor para acercarnos a Él.[19] *Nosotros le amamos a él, porque él nos amó primero.* 1 Juan 4:18; porque de no ser así creo que ninguno de nosotros lo hubiéramos acercado. Dios tiene Planes perfectos trabajando, siempre, cada segundo en pro de alcanzarte con Su Amor. Y lo va a hacer, porque Él nos busca intensamente y nos persigue con Su Amor.

Con machete y sembrando la esperanza

Como parte de esos planes perfectos, aparecía otro "*angelito*", ahora en la casa finca de Cota. "Casa Blanca", se llama nuestra casa y como toda finca o granja debe tener su trabajador de planta. Aparecía él, pero no como de película de cine, con corbatín y bandeja, sino con un esbozo de saludo:

-"¡Eeh... don Fabio, una de las Churrientas está en celo!"

Gritaba el mayordomo de nombre Otoniel, refiriéndose a que una de las vacas de la finca estaba lista para ser montada. Gritaba a todo pulmón y a las 5 de la mañana, nada oportuno, es cierto, y muy pintoresco, pero real, porque ese mismo personaje viejo, arrugado, con cachucha de celador y botas pantaneras de caucho, fue el mismo que con tono fuerte, decidido y con una insistencia tal, que nos referíamos a él como el "fanático", fue quien sembró la primera semilla del evangelio en nuestras vidas. Les compartía a mis papás, sobre todo a mi mamá, haciendo oraciones, hablándonos de Jesús e incluso, un par de veces, invitándonos a cruzadas de sanidad en Bogotá y grupos de oración. Nunca lo escuchábamos con respeto ni con atención, pero años después esas palabras trajeron fruto. Como siempre lo hacen.

Gracias a Dios, por personas que sin reparo y con insistencia, y a veces con aparente impertinencia, abren su boca sin vergüenza y hablan de Ti Jesús Sanador, Salvador, todo poderoso y real. Qué falta me hace a mí y nos hace a todos ser a veces un poco más como Otoniel. Y así, siempre con su creencia intensa que lo caracterizaba, sembraba algo de esperanza y fe en nosotros, aunque no le creíamos mucho, no le prestábamos atención, él no dejaba de hacerlo, a veces mientras tomaba una taza de agua de panela y se ajustaba bien su machete, mirándome a los ojos que estaban cansados de llorar y doler por las continuas crisis que tenía, me decía en voz calmada pero enérgica: "Niño Juan Manuel, vamos para que oren por usted. Mi Jehová sé que lo va a Sanar".

....

[11] Pues yo sé los planes que tengo para ustedes —dice el SEÑOR—. Son planes para lo bueno y no para lo malo, para darles un futuro y una esperanza.

Jeremías 29:11 NTV

....

CAPÍTULO 3

Con lazos de amor

Historias de un bastón

"Por la esquina del viejo barrio lo ven pasar, con el tumbao que tienen los guapos al caminar" ...(música), dice la famosa canción de Rubén Blades hablando de Pedro Navajas, matón de esquina. Así, se podría decir que empezaba a caminar en bachillerato, por los corredores de mi colegio, cada vez con más tumbao, mi nuevo paso característico y muchas veces creía que estaba caminando recto, pero no lo estaba. Una cojera que poco a poco iba siendo mayor debido a esa rodilla izquierda que continuaba sangrando y doliendo mucho. Día a día era más como una pelota de futbol en mi rótula. Caminar, poco a poco, se iba volviendo una tarea muy incómoda y dolorosa.

De mi abuelo, Alcides Zuluaga, el papá de mi mamá, recibí su bastón, un regalo muy particular para mí, que contaba apenas con solo 11 años. Tuve que empezar a usarlo literalmente todo el tiempo, cuando no estaba en muletas o incapacitado. Aparte de mi maleta y cuadernos, era cotidiano incluir en mi vestuario ese bastón café pálido con el mango un poco desgastado y torcido. Las historias de este bastón son muchas: a veces, cuando salía a jugar o sentarme en las bancas del patio del colegio, mis amigos lo tomaban para jugar con él en forma de palo de golf o hockey, o

simplemente para molestar a alguien. A veces era chistoso, pero
en otras lo que yo pensaba era: *"se van a tirar mi ayuda para caminar"*. Tal como las caricaturas muestran que los viejitos caminan a
su avanzada edad en 3 "pies", así me sentía yo, como un anciano
de 80 años, sin poder correr y ni siquiera caminar. Entre dientes y
lleno de rabia, refunfuñaba a cada paso que daba. Mientras tanto,
veía a mis amigos y compañeros en el plan natural de todo niño
que ya está empezando la adolescencia, acercándose a las niñas,
queriendo compartir con ellas, hablar un poco, y por qué no, gus-
tarle a alguna. Yo también quería eso, pero no me sentía capaz. Mi
colegio era masculino y el hecho de que fueran niñas al colegio
era todo un acontecimiento, iban de colegios como el Clara Casas,
Gimnasio Femenino, el Marymount, entre otros. El acercarme a
las mujeres por mucho tiempo fue un trauma por mi condición y
por cómo me veía y me sentía. La expectativa y la emoción rápidamente se convertían en frustración, un sentimiento que salía a flote; porque muchas veces no era capaz ni de acercarme a hablar con
alguna niña, por miedo o el temor normal que había, pero sobre
todo, porque no me veía ni sentía que me pudieran aceptar o que
les pudiera gustar por mi físico, mi forma particular de caminar y
por el bastón de mi abuelo.

Había momentos en que venciendo mi propio temor, me atre-
vía a hablar con alguna niña, sin embargo, lo habitual era que
cuando me paraba de una silla e iba acercándome, cojeando y teniendo mi elegante bastón en la mano, no llegaba hasta el final. El
dolor en mi rodilla izquierda era más intenso al dar cada paso y,
sobre todo, mi propio rechazo e inseguridad al ver mi condición,
hacía que me paralizara.

Y sí, es cierto e inevitable decirlo, lo más evidente y lo que
primero miraban era mi bastón, que, a cambio de un balón, de
una patineta o una pinta de muchacho muy atlético, era lo que
me acompañaba todos los días, junto con mi tez habitualmente
pálida y mi estirpe "elegante" porque era y he sido siempre flaco.
Disfrazaba mi dolor con cara de seguridad o seriedad, de pronto

timidez, que en realidad era una gran inseguridad. Me sentía desechado y me rechazaba. Sabía que a ninguna de esas jovencitas le podía gustar o me iba a aceptar. "¡Dios *mío!, ¿quién me va a querer así?*": nadie, pensaba.

Con ese mismo bastón, algunas veces debía salir durante el día, caminando al hospital Simón Bolívar que quedaba a dos cuadras del colegio, a que me aplicaran los crioprecipitados, por alguna hemorragia espontánea en el codo o en la rodilla que seguía siendo el *"dolor de cabeza"* más agudo en mi desarrollo motriz.

Regresaba al colegio y nuevamente quedaba sentado, con mi sensación de impotencia, e iba floreciendo a la par la necesidad de sentirme amado y acogido. En muchas ocasiones se manifestaba en mí el *"pobrecito yo"*, como una forma de llamar la atención y autoconmiseración; una forma muy sutil de obtener afecto, de buscar aceptación, pero nunca por ese camino encontré mi valor real.

Bajaba la mirada, la fijaba en el pedazo de madera en que me apoyaba y luego la subía al Cielo entre lágrimas preguntándole nuevamente a Dios la razón de todo esto. No oía nada, pero con un pequeño rayo de Sol y un suave susurrar, en mi alma sentía que había algo o alguien que me iba cargando en sus Manos. Él estaba conmigo, sosteniéndome, más allá de ese bastón, era su Amor que sentía en mis huesos y sostenía mi vida.

No obstante, para mí lo que yo valía era igual a cero, no podía ver más allá de mi dolor, mi cuerpo y la enfermedad. Qué difícil es ver claramente un propósito en medio de la dificultad o la muerte, a veces eso habla tan fuerte que no podemos ver más allá o no lo quería ver. Solo dependía de lo presente, lo temporal, lo físico y tangible que era mi realidad. Dios poco a poco nos entrena y enseña a mirar y a ver bien.

Señor, en ese entonces mi valor creía que era cero, ahora, después de tanto, he visto y entiendo que mi valor me lo das Tú, porque soy tu Hijo, porque me compraste, porque me adoptaste así como soy y estoy. Tu Amor por mí es lo que sustenta mi valor. Soy tu hijo y eso nada lo hará cambiar.

> Yo proclamaré el decreto del SEÑOR:
> «Tú eres mi hijo», me ha dicho;
> «hoy mismo te he engendrado.
> [8] Pídeme,
> y como herencia te entregaré las naciones;
> ¡tuyos serán los confines de la tierra!
>
> **Salmo 2: 7-8 NVI**

Soy su hijo, tengo todo lo de mi Papá. Gracias Señor.

"Todo lo que tengo es tuyo…" me dice y te dice Dios hoy.

No podemos depender ni descansar en nuestro propio amor, que es incompleto e imperfecto; sino en el Amor de Dios, Él te ama y te amará como nadie y mejor que nadie.

"Ámate a ti mismo" se dice por todas partes, sí, bien, pero no puede ser de una manera egocéntrica, hedonista o humanista, porque se derrumba el verdadero sentido del Amor, el Amor Es Dios, Dios es Amor, la esencia real del Amor está en Él, que dio y sufrió todo incondicionalmente para acercarte a su Corazón. Sin Él, es tan solo un remedo de sentimientos.

Yo, Juan Manuel, prefiero salir corriendo a sus Brazos y refugiarme ahí, Él es Quien me dio el valor que tanto buscaba, el verdadero amor propio es verme como Dios me ve y me ama. ¿Qué prefieres tú? Ese valor y seguridad de mi vida realmente me la diste Tú, Jesús, a Quien pertenezco, Tú eres mi Dueño. Eres mi identidad.

Después de tantos años, entendí que ese bastón fue una muestra inmensa de Amor de Dios.

Búsqueda Desesperada

(de Dios hacia mí y mi familia… y de Dios hacia ti)

Más y más cerca, Dios usando absolutamente todo para acercarnos a Él, a pasos agigantados seguía caminando hacia nosotros a través de nuestras dificultades y dolores, vino a mostrarnos Su Amor, que es por encima del tiempo y las circunstancias.

En medio de la búsqueda angustiosa de mis papás por encontrar alguna ayuda para mí, recurrían a varias opciones: medicinas homeopáticas, alternativas y obviamente a los doctores y tratamientos convencionales, que eran con lo que se lograba hacer un poco soportable mi situación.

Un día después de visitar a un nuevo médico y que otra vez dijera de la manera más cruda que las esperanzas de vida eran muy bajas, mamá salió tan angustiada y quebrantada que se encerró en el carro a llorar y a llorar, nada la podía consolar.

En ese momento, dentro de ese carro Renault 18 blanco, se encendió el radio. Nunca, ni ella ni ninguno en mi familia habíamos oído o sintonizado una emisora cristiana, pero en ese momento al encenderse la radio estaba ahí, en el dial y el predicador estaba orando de manera esperanzadora y diciendo lo siguiente: *"si usted está desesperado, en angustia, sin ninguna esperanza para su vida y con el corazón roto, venga a Jesús, entréguele sus cargas a Él, recíbalo como su Señor y Salvador, ponga su mano en el radio y repita esta oración conmigo…"* Sé que Dios mismo sintonizó ese radio, Él corrió al encuentro de mi familia. Mamá recibió a Jesús en su corazón en ese momento con su mano puesta en un radio AM y los ojos llenos de lágrimas. Había llegado Jesús a mi familia.

¿Qué hacer ahora?, ¿a dónde ir? Con esta nueva luz de esperanza que se abría y el deseo de buscar más de ese Dios personal y cercano; recordando las insistencias de don Otoniel, el trabajador de botas pantaneras que puso la primera semilla, terminamos yendo un domingo a una iglesia en el centro de Bogotá, grande y muy particular. De allí mi papá salió "espantado" al ver gente que saltaba, gritaba y corría con la música de canciones muy alegres; una iglesia de trasfondo pentecostal. A él eso lo marcó y nos dijo: *"acá no me vuelven a traer ni a palo, son unos "locos"".*

Yo, en verdad, por mis peleas con Dios fui porque todos lo hicimos, por nada más, pero no pasó nada en mí. Mi mamá y mi hermano empezaron con más fuerza y compromiso a asistir a una iglesia cristiana, pero no a esa, teniendo muy en claro la advertencia de mi papá. Sin embargo, terminamos congregándonos en la Iglesia Carismática Cuadrangular, porque una amiga de mi mamá la invitó, ella conocía la situación familiar en torno a mi salud y al enterarse que había recibido a Jesús en su corazón la llevó.

Seguía y seguía la búsqueda desesperada de Dios hacia mí, corriendo por alcanzarme, pero yo estaba encerrado en mi dolor y cuestionamientos. Gracias a Dios, porque su Amor no se rinde; alcanzó primero a mamá y a mi hermano.

Yo casi que literalmente iba obligado a la iglesia, entraba a la escuela dominical. Tenía que estar y asistir, pero por presión y no por convicción, tendría unos 11 años, mi hermano Carlos Andrés, 13.

A cada quien su parte

Para nadie es un misterio que cualquier dificultad tan compleja como esta, toca a toda la familia, no hace distinción, nadie se escapa de llevar parte del sufrimiento y a mi hermano le tocó su parte. Sin ninguna mala intención, era más que obvio que casi toda la atención en la casa estaba centrada en mí, en el hijo enfermo, sumándole las actividades laborales de mi papá y los almacenes de mi mamá; el cuidado y atención hacia mi hermano fue poco y sé que durante mucho tiempo sufrió muchísimo en su corazón por sentirse solo en medio de una situación que los hacía sentir impotentes a él y a mis padres, aunque trataran de hacer lo mejor que podían.

Días solo, horas a veces encerrado en un carro muriéndose de frio o calor mientras me atendían en urgencias en la Clínica San Pedro Claver, el Hospital Simón Bolívar u otro. A veces hasta sentía culpa, porque pasaban cosas en medio del juego físico que teníamos, como una vez que me pegó y me causó una hemorragia muy fuerte sin querer. Él también tenía un proceso doloroso interno. Una vez me dijo: *"Yo me sentía muy solo y como perdido dentro de mí mismo"*.

Lo hermoso de todo esto es que Dios pensaba también en Él, en toda una familia y en un futuro que iba a ir organizando poco a poco desde el dolor hacia la bendición y el propósito para cada uno de nosotros. Si no hubiera sido porque Él nos buscó y alcanzó con su misericordia, nuestra familia estaría destruida.

¡Este muerto está muy vivo!

Una madrugada, después de haberme puesto las 8 bolsas de crioprecipitados para controlar una hemorragia en un codo, empecé a sentirme muy mal. Eran las 4 de la mañana aproximadamente, iba y venía a la cocina con una sed tremenda, tomaba vasos de leche, algo que nunca había hecho. Todos estaban dormidos. Al llegar la hora de alistarnos para ir al colegio seguía muy mal, pero me bañé y me alisté con la intención de ir a clases, pero cada vez estaba peor.

El aliento y las fuerzas las estaba perdiendo poco a poco, sentía que se me iba la vida. Salimos para la Clínica del Bosque y llegamos a urgencias, empezaron a hacerme un montón de exámenes y cada vez empeoraba, de nuevo me estaba muriendo. Había sido contagiado con otra septicemia, pero esta vez atacó mis pulmones, era tan agresiva que se estaban pudriendo por dentro. La situación fue muy compleja a tal punto que volvían a decir los médicos: *"no hay muchas posibilidades de que Juan Manuel sobreviva"*.

Esa noche, en la cama de urgencias, totalmente ido y casi inconsciente y moribundo con las palabras entrecortadas les dije a mis papás: *"me voy... me voy..."* entonces extendí los brazos hacia ellos y quedé inconsciente. Pero Jesús estaba allí, con el control en la Mano, Como Él lo hace, envió a una persona de la iglesia Cuadrangular y le preguntó a mis padres que si podía orar por mí.

-Si por favor-, respondieron.

Pasó la noche y al despertar los médicos sorprendidos dijeron:

-El que estaba anoche moribundo, ¡hoy está vivo! -

Así como otra vez la muerte había tocado a mi puerta, el milagro y Poder de Dios había actuado de nuevo indiscutiblemente. Lo que ya era algo habitual para mí, el vivir para morir Dios lo cambió con un Soplo de su Espíritu, por el "morir para Vivir".

Como dice la Palabra, *"la oración eficaz del justo puede mucho"* *(Santiago 5:16).* Gracias, Señor, por esa persona que no recuerdo ni el nombre, ni su rostro, que hizo lo que Dios le mandó a hacer, orar y creer. Porque en ese momento no fue mi fe, fue Dios mostrándose por encima de mí mismo.

Fue un mes largo en recuperación y observación en la clínica con los médicos verificando que todo estuviera bien. En esa habitación, entre las canciones de Juan Luis Guerra que oía en un radio AM pequeño, tenía algunas conversaciones con Dios, con reproches, preguntas; seguía con mis luchas y peleas con Él, día a día un poco más cerca, pero no daba mi brazo a torcer. Reconozco que en mi vida he sido muy terco; perdóname Dios por tanta lucha contigo, hasta en eso ha tenido amor y paciencia conmigo, me ha tratado como Él sabe hacerlo.

Salí con los pulmones totalmente limpios de esa clínica, Gloria a Dios; a seguir viviendo y conviviendo con toda mi realidad.

Es inevitable e innegable reconocer que las dificultades y los problemas tienen el grandísimo potencial de ablandarnos a unos y a otros endurecernos, Dios quiere que nos rindamos para que nuestro corazón se ablande y se disponga al perfecto Amor de Él y acércanos a su Presencia, y eso era lo que estaba haciendo conmigo, ablandando mi corazón y mostrando su Poder, atrayéndome, como dice la Palabra:

"Con lazos de ternura, con cuerdas de amor,
los atraje hacia mí;
los acerqué a mis mejillas
como si fueran niños de pecho;
me incliné a ellos para darles de comer"

Oseas 11:4 DHH

Todo lo que pasa en nuestras vidas son lazos de amor para atraernos al Propósito del Padre Celestial. Déjate abrazar por las cuerdas de Amor de Dios, que más allá de tu comprensión son siempre para obrar el bien, a su perfecta manera en nuestras vidas.

En el año 1992 llegó a la comunidad médica una noticia devastadora, un hemofílico que yo conocí había sido contagiado de VIH –Sida- por una trasfusión de sangre y había muerto. Terrible, doloroso, impensable para sus padres que estaban destrozados, y para todos, en ese entonces me dijeron que fuera al velorio junto a mis padres, pero no quise ir. Al salir, todos, padres, médicos, pacientes estaban consternados con mucho dolor e incertidumbre.

Y la pregunta obligada de mis papás en su silencio:

"¿Ahora qué va a pasar con mi hijo Juan Manuel?"

CAPÍTULO 4

Arrullos de papá

Palabras Misteriosas

¿Cuántas veces esperando para que me aplicaran un crioprecipitado?, ¿cuántas horas en salas de espera de urgencias mientras autorizaban, conseguían y traían el medicamento, esperando o desesperado por recibir atención. Esta situación traía la nueva frase, la *"palabra misteriosa de hoy"* que ahora salía de la cajita de pandora de la hemofilia y se convertía en otra evidencia de la enfermedad que continuaba dañando mis huesos poco a poco. Hemartrosis, ¿qué es esto? Es el desgaste articular y progresivo de los huesos generado por la presión excesiva de la sangre en los cartílagos, ligamentos y en las articulaciones. Cada vez era más difícil, doloroso y limitante y, como los eventos de sangrado son repetitivos a medida que los años pasaban, mis articulaciones se iban desgastando, bloqueándose, poco a poco acortando mis movimientos en tobillos, codos y rodillas. Esto sumado al desesperante dolor que hacía que progresivamente necesitara más analgésicos para soportar la espera en urgencias cuando tenía los eventos de sangrado y hemartrosis.

¡Por fin, estaba el medicamento! Me sentaban en el banco de sangre del Hospital San Pedro Claver o a veces, cuando providencialmente se podía, en mi casa, a ponerme el crioprecipitado por goteo lento, que se demoraba en hacer efecto varias horas, para que bajara el dolor y la inflamación, pero ¡oh nueva sorpresa!, había momentos, que cuando me aplicaban la medicina, tenía unas reacciones alérgicas tremendas, eran unas ronchas que me salían en todo el cuerpo, insoportables; me volvía literalmente como una mazorca, me tenía que aguantar, y desnudarme porque el solo roce de la ropa hacía que el brote se multiplicara por todo mi cuerpo. Solo podía esperar que pasara o inyectarme ampolletas de Decadron, un medicamento adicional para contrarrestar esta alergia.

Esperar es difícil y sí que es complicado y aún más cuando se está en medio de la impotencia y del dolor, pero Dios también estuvo ahí, a la espera a través de sus promesas:

> *¿Por qué voy a inquietarme?*
> *¿Por qué me voy a angustiar?*
> **En Dios pondré mi esperanza**
> **y todavía lo alabaré.**
> *¡Él es mi Salvador y mi Dios!*
> *⁶ Me siento sumamente angustiado;*
> *por eso, mi Dios, pienso en ti*
> *⁸ Esta es la oración al Dios de mi vida:*
> *que de día el Señor mande su amor,*
> *y de noche su canto me acompañe.*
> *⁹ Y le digo a Dios, a mi Roca:*
> *«¿Por qué me has olvidado?*
> *¿Por qué debo andar de luto*
> *y oprimido por el enemigo?»*
> *¹⁰ Mortal agonía me penetra hasta los huesos*
> *ante la burla de mis adversarios,*
> *mientras me echan en cara a todas horas:*
> *«¿Dónde está tu Dios?»*
> *¹¹ ¿Por qué voy a inquietarme?*
> *¿Por qué me voy a angustiar?*
> *En Dios pondré mi esperanza,*

y todavía lo alabaré.
¡Él es mi Salvador y mi Dios!

Salmo 42:5-11 NVI

Dios susurrándome en la espera, dándome y fortaleciéndome en la paciencia, y así como lo ha hecho conmigo también lo puede hacer contigo, y qué hermosas son estas palabras y mejor aun cuando se convertían en oraciones.

Cual ciervo jadeante en busca del agua,
así te busca, oh Dios, todo mi ser.
Tengo sed de Dios, del Dios de la vida.

Salmo 42:1-2 NVI

Murmullos de Dios entre Blancas y Negras

Como era habitual, cada domingo asistíamos a la iglesia Cuadrangular. Al entrar, lo que más me gustaba y llenaba mi corazón eran las alabanzas, las canciones y la música, que así fuera con tres o cuatro guitarras, un piano acústico vertical, pandereta y voces, o con una banda completa, en mí iban despertando inquietud por ese Dios al cual le cantaban, y por esa manera de acercarse a Él que no podía entender, así como seguía sin comprender tantas cosas de mi vida, pero lo que era más evidente es que Dios me seguía atrayendo a Él ahora a través de esos sonidos y canciones. Me sentaba estratégicamente para ver a la persona que tocaba el piano, que sonaba un poco desafinado, pero el sonido de cada tecla hacía que anhelara estar ahí.

Por esa época mi papá trajo de Panamá una organeta de regalo para la casa, la cual desde que llegó me la apropié y al mismo tiempo que iban menguando mis anteriores hobbies, como armar modelos a escala, coleccionar estampillas y construir en Lego toda clase de figuras, iba aumentando mi interés por esas

teclas blancas y negras que al tocarlas me hacían sentir tranquilo, a veces olvidar mis dolores y más cerca de Dios. Desarrollé
un gusto y deseo de aprender más de este instrumento, sin saber
en ese entonces que se convertiría en un compañero inseparable
para mis tiempos de comunión y conversación con Dios. Él, con
sus maneras curiosas y únicas de trabajar, me atrajo de la forma
más sutil, pero más contundente con la cual llegaría más adelante
hasta lo profundo de mi corazón, así empezó a ser el susurro a
través de esos sencillos sonidos de teclas blancas y negras.

Tomé unas cuantas lecciones de piano con un profesor que iba
a mi casa, me empezó a enseñar una que otra nota de las canciones que oía los domingos en la congregación. Esas palabras
combinadas con los sonidos hermosos y melodiosos del instrumento alegraban mis días. Es increíble el poder de la música, la
influencia emocional y, sobre todo, el toque al alma y al Espíritu
que unos simples pedazos de plástico, emitiendo notas de manera melodiosa y armónica y, sobre todo, acompañada de palabras
de vida. Muchas veces los domingos en la tarde después de los
servicios, o incluso entre semana después del colegio; me sentaba
un ratico en frente de mi teclado, con dos o tres dedos, a tratar de
sacar a oído esas canciones que tanto me llenaban.

La gota de sangre en el sofá

Un domingo, como cualquier otro en el mes de agosto del año
1993, luego de haber pasado una semana bien movida por una
hemorragia que tuve en el brazo izquierdo, recuerdo que salimos
rápido de la reunión de la iglesia a nuestra casa para almorzar con
unos invitados muy especiales. El doctor Álvaro Robledo, hemofílico también y su esposa Maritza directores de la Liga Colombiana
de Hemofílicos en ese entonces, fueron a compartir con nosotros.
Era una tarde agradable, el doctor era muy amable, de manera
tal que podíamos conversar de temas en común, no solo de nuestra patología, sino porque de él adquirí el gusto y un pequeño
entrenamiento en armar modelos a escala (aviones, helicópteros,

carros, motos, naves, dioramas, etc.). Él tenía en su casa prácticamente un museo de miles de figuras y modelos de todo tipo.

Luego de una deliciosa pasta con camarones, todos pasamos a
la sala a dialogar un poco y tomar un café. De un momento a otro
empezaron a irse de la sala, primero mi hermano, luego Maritza
y un par de minutos después mi papá y mi mamá, dejándome
solo con el doctor Álvaro. Sonriente, continué contándole acerca
del último modelo que había armado: un tanque Panzer, de la segunda guerra mundial a escala de 1/32, e incluso, le hice algunos
comentarios de mi nueva inclinación por la música a través del
piano. Con la sobriedad que lo caracterizaba y esa tez pálida, que
teníamos en común por nuestra particularidad en la sangre- de
un momento a otro nuestra conversación dio un giro inesperado
y él soltó una de las frases más fuertes que he oído en mi vida:
"Juan Manuel, en el último examen que te hicieron, a causa de un
medicamento contaminado saliste VIH – SIDA positivo". Hubo
un silencio, impotencia, frialdad, desesperanza, crudeza, dolor,
angustia, incertidumbre, muerte, temor y rabia. No entiendo, por
qué, por qué, tenía una gran frustración, desesperación, gritar,
quería estallar, llorar, llorar, y llorar. No sé cómo más describir lo
que pasaba por mi mente y corazón.

Era un sentimiento de ver que todo se acaba y no existe una
salida, tenía deseos de acabar con todo porque nada parecía valer
la pena. Yo tenía tan solo 16 años. Ese silencio fue una pausa que
no sé cuánto duró, con miles de cosas en mi cabeza y en mi corazón, empecé a llorar, no a gritos, pero si profundamente desde
lo más íntimo de mi ser, con un dolor en el alma y la pregunta en
mi corazón: ¿por qué a mí? La angustia que sentí no es fácil de
explicar, tal fue la presión que en ese mismo instante tuve una
hemorragia por mi nariz y ahora las lágrimas estaban unidas con
las gotas de sangre, que sutilmente caían en el sofá rojo de tres
puestos en esa sala solitaria, las cuales se hacían casi impercepti-
bles, pero evidentemente estaban ahí. Destrozado por dentro, no

podía hablar, solo sollozar; nuevamente mi sangre, donde está la vida, se llenaba de muerte.

Hoy puedo recordar, con la paz que solo brinda Dios, que Jesús dio hasta la última gota de su sangre por amor a mí. Él sufrió y se entregó por amarme. ¡Eres hermoso, Jesús! Pues por amor no consideraste bajarte de la Cruz por encontrarme y darme Tu vida.

El silencio lo rompió súbitamente el doctor diciendo:

- "Juan Manuel, ¿qué vas a hacer?"-

¿Quién está preparado para recibir una noticia así? ¡Nadie! Y mucho menos yo a esa edad.

En medio de esa marea de pensamientos y sentimientos encontrados solo pude responderle:

- "Seguir viviendo"-

En ese momento no supe de dónde salió esa respuesta de mi boca, pero lo que sí tengo hoy claro es que fue Dios Quien inyectaba en mi corazón fuerza, porque yo no la tenía. En medio de cada lágrima, el Espíritu Santo estuvo dándome un Soplo de aliento. La fe debía ser ejercitada en el más profundo fuego de la prueba. En ese momento, si hubiera sido por mi voluntad, en medio de tal impotencia, me hubiera quitado la vida. Pero en medio de tal confusión, volvía a recordar Sus promesas, aquellas que había oído y leído en lo poco que conocía de Su Palabra, y que me dieron vida en medio del dolor y de la muerte.

Angustiada está mi alma;
¿hasta cuándo, Señor, hasta cuándo?

4 vuélvete, Señor, y sálvame la vida;
por tu gran amor, ¡ponme a salvo!
5 En la muerte nadie te recuerda;
en el sepulcro, ¿quién te alabará?

Salmo 6:3-5 NVI

"No he de morir; he de vivir
para proclamar y cantar las maravillas del Señor."
Salmo 118:17 NVI

"Seguir viviendo", esto ha sido más que una frase, se ha convertido en una oración diaria con Dios, un deseo desde lo más profundo de mi ser, una decisión en medio de miles de luchas, preguntas y hasta reclamos al Dios del Cielo. Seguir respirando y en medio de la adversidad, quedar agotado para caer rendido a Sus Brazos. Así tenía que ser, continuar respirando diariamente, con la certeza que Él está presente. En medio de esa situación en la sala, regresaron mis padres, mi hermano, todos lloramos y nos abrazamos. Se fueron los doctores y quedamos en familia con pocas palabras tratando de asimilar la noticia.

Cuentas y cuentas humanas

Pasados unos días, tuvimos la cita con el infectólogo especialista, el doctor Gabriel Martínez, una eminencia en el tema, en el año 1993 en Colombia, en el manejo del VIH – Sida-. Me correspondió la última cita del día, entramos los cuatro a su elegante consultorio, con todos sus títulos exhibidos en la pared y sillas en cuero muy finas. Nos saludó muy amablemente, se hablaron varias cosas pertinentes, no solo para mí, sino para el núcleo familiar. Se trató el tema de cómo debía ser el manejo desde su punto de vista en todo sentido, tanto médico, emocional, sicológico y social.

Hace 26 años hablar abiertamente sobre el Sida era aterrador. Aún hoy existe un poco el rechazo hacia ese tema, pero en aquel tiempo, solo saber que alguien tenía VIH-Sida, causaba un rechazo total, pues ha sido la enfermedad que ha conducido a miles de personas a la tumba, la peste contagiosa más repudiable que se podía padecer. Existía la desinformación de pensar que si se daba un saludo o se comparte algo, se contagia, había un desconocimiento y sesgo total, prevención o rechazo, pues el común denominador era que quien estaba contagiado era homosexual, drogadicto o tenía una vida sexual promiscua. Por razones como estas, se tomó la decisión de no hablar abiertamente del tema, guardar el secreto entre los cinco, básicamente por el temor y miedo al rechazo adicional, pues lo que se buscaba era evitarme que, aparte de afrontar esta nueva enfermedad, llegara a vivir con el rechazo social y emocional de quienes me rodeaban en el colegio, iglesia, familia y la sociedad en general. La enfermedad innombrable estaba presente en mí.

Esa noche yo estaba muy cansado, abrumado por todo lo que pensaba y a la expectativa en el consultorio, en medio de muchas recomendaciones del médico y del plan a seguir, dirigió toda su atención hacia mí, mirándome directamente a los ojos, dijo: "Juan Manuel, esto es progresivo, vamos a hacer todo lo posible para que estés bien, ¿cuántos años tienes?"

- "16 años, doctor"- Respondí.

- "Bueno, Juan, con los medicamentos de hoy, te damos máximo de 4 o 5 años de expectativa de vida."

Mentalmente y sin poder ni querer estallar en llanto, en ese momento, hice el siguiente cálculo: "16, 17, 18, 19, 20, 21 ¡NO!, ¡no puede ser, Dios! ¡Yo quiero seguir viviendo, mi vida no puede terminar así¡, ayúdame, Dios." No estaba preparado para esto. "Eres un Dios malo e injusto, ¿no fue suficiente con enviarme la hemofilia, ahora también el Sida?" ¡Esta vida que llevo es la peor! Eres malo, Dios, no creo que seas un Dios bueno, justo y fiel. Todo lo que he oído de Ti, ¡NO LO CREO!" Ese era mi cuestionamiento, no podía ver el bien de Dios para mi vida, solo resentimiento y frustración. Llegamos a casa a dormir, yo a llenar mi almohada de lágrimas y querer entablar una conversación angustiosa a solas con Dios, pero no pude hacerlo.

A la mañana siguiente había que "seguir viviendo" con esa sentencia de muerte sobre mis hombros, tenía que regresar al colegio, como si nada hubiera ocurrido; continuaba mi vida en medio de las tareas, las clases, los recreos, los compañeros. En algunas oportunidades lloraba mucho en los baños del colegio o en mi casa, a solas en mi cuarto o noches enteras. Pasaban los días y el Dios bueno no se manifestaba con un milagro inmediato o alguna solución, ¡solo guardaba silencio! No era fácil observar a mis amigos y compañeros de curso del colegio haciendo los mejores planes para sus vidas; tenían los más grandes sueños, compartían palabras y deseos a cumplir diciendo: "voy a continuar estudiando, saldré del país, voy a ser empresario, profesional; tengo mi novia y me casaré con ella cuando termine la universidad, me dedicaré a viajar, etc." Sentían tener el mundo entre sus manos y devorarlo todo, al final no había nada que les impidiera perseguir y alcanzar esos sueños. Por mi parte, estaba viendo cómo no morirme, con mi dolor emocional y el deterioro de mi salud.

Vivía en una montaña rusa, un sube y baja de sentimientos y pensamientos, entre mis luchas de gratitud, alabanza, queja y reproche a Dios y a la vida, solo me acompañaba el silencio, la falta de respuestas y una incertidumbre total. No sabía ni creía nada, pues era evidente que no podía hacer muchos planes más allá del día a día. Internamente de continuo, oía esa voz que me decía: "no sueñes mucho Juan Manuel, ¡te vas a morir rápido!"

Apagando incendios

Después de unos días, mis padres me contaron con dolor, que la noticia del contagio la habían recibido un mes antes que el doctor Robledo fuera a casa a hablar conmigo. Eso significa un mes de silencio y tal vez buscando la manera más prudente para decirle a su hijo lo que tenía; qué prueba tan fuerte, una larga espera insoportable para ellos.

El día que mis padres se enteraron de mi circunstancia, lo recuerdo bien, casi se incendia la casa en la cual vivíamos. Ellos se habían trasladado a Bogotá a recibir el diagnostico. Ya eran aproximadamente las 8:30 pm, Carlos Andrés, mi hermano, estaba con un amigo en la sala principal de la casa, querían encender la chimenea, con la desafortunada decisión de usar para encenderla un tarro lleno de gasolina. Yo estaba descansando en el cuarto de mis padres. De repente, comencé a oír gritos de angustia que venían de la sala. Era inevitable que ocurriera, al acercar la gasolina a la chimenea con brasa incipiente, los vapores hicieron que se encendiera y saliera una llamarada incontenible que se elevó hasta el techo. Como pudieron, arrojaron el tarro con gasolina encendido a una parte en la cual había piso en cerámica y no con alfombra, pero, de todas maneras, el fuego subió hasta el techo y parte de la pared.

Cuando oí todo esto salí apresurado hacia la sala y con algo de tierra de las materas y los cojines, golpeamos el fuego hasta que lo pudimos apagar. En cuestión de minutos la casa estaba inundada de humo negro, el cual salía por todas las ventanas y puertas; en verdad parecía como si se hubiera quemado toda la casa. Al llegar mis padres, ver todo impregnado de humo y casi quemada su vivienda, el dolor de la noticia recibida por parte del médico, pasó a un segundo plano por esa noche. Esto también fue usado por Dios para que ellos se desahogaran y pudieran estallar de alguna forma, concentrándose en lo que había pasado esa noche con la casa, más que en la noticia que acababan de recibir. Se olvidaron un poco de su dolor. Aun así, Dios siempre tiene todo bajo control, ¡Nada se sale de sus Manos!

Canciones de papá

Tiempo después, comenzando el año 1994, estando en grado 11, comenzaba el último año de colegio. No era fácil vivir con ese secreto, con todo lo que no podía nombrarle a nadie, literalmente, muriendo día a día por dentro, tratando de vivir como si nada pasara, seguía andando con mi bastón, pero cada vez más desgastado. Tenía la rodilla y los codos cada vez más limitados. El apoyo y amor de mis padres y mi hermano fue total, aun ellos teniendo que sufrir su parte al ver mi circunstancia y no poder decir nada ni expresarle a nadie su dolor.

Con esa vida a la que me estaba enfrentando, me era imposible creer o confiar plenamente en Dios, era muy fluctuante, en oportunidades sí me conectaba con Él, pero después no quería saber nada, pues estaba lleno de muchas dudas. Sin embargo, Él estuvo también ahí, en medio mis dudas, no sé cómo, no lo puedo explicar, pero a pesar de todo, seguía sintiendo Su Amor. Su Presencia, que me hacía vivir cada día, se convirtió en mi único refugio seguro y poco a poco comencé a decir: "¡Gracias en todo esto!" Dios ordena y me tiene en sus manos.

*"He aquí, aunque él me matare, **en él esperaré**;*
No obstante, defenderé delante de él mis caminos,
Y él mismo será mi salvación".

Job 13:15 RV60

Aunque esté al bode de la muerte, en Él esperaré, es inexplicable ¿verdad?, pero no hay mejor esperanza que la que ponemos en Dios en medio de la muerte. Él venció la muerte y es Padre Eterno, mi Padre quiere adoptarnos y tratarnos como hijos. Esta es la expresión más hermosa del amor de un padre hacia su hijo, abrazarlo, cargarlo en sus brazos y consentirlo en medio de su dolor o llanto para calmarlo, consolarlo diciéndole: "¡hijo, acá estoy, ya llegó papá!" Seca sus lágrimas y lo arrulla con canciones para calmar su corazón. Solo imagina este momento, un niño cargado en los brazos de su padre, oyendo las canciones amorosas que salen de su boca. Así Era la Presencia de mi Padre Celestial que venía a mí.

Dios es un Padre que consuela, arrulla y canta con el más suave y penetrante murmullo de Amor hacia nosotros. De esta forma se hace real lo que la Palabra de Dios dice en Sofonías:

*"Pues El Señor está en medio de ti, poderoso, él salvará;
se gozará sobre ti con alegría, callará de amor, **se regoci-
jará sobre ti con cánticos.**"*

Sofonías 3:17 RV60

¡Siempre estuvo ahí! Él canta hermoso, mi Papá Dios, acompaña-
do de Su abrazo de consuelo. Una tarde, en medio de lo que se
podría llamar una "oración", en una disputa frente a frente con
Él, estando encerrado en mi cuarto, empecé a orar, a clamar al
Señor, a gritar, como lo hacen muchos de los Salmos. Lo primero
que salió fueron mis temores, dolores, dudas, rechazo que sentía.
Toda esa frustración que traía por dentro y el reproche de mi vida
cotidiana: "mejor no hubiera nacido," como dijo alguna vez Job.
Me encontraba tan deprimido esa tarde y con tanta angustia que
se me iban las ganas de vivir y luchar, ya no deseaba ni quería
nada. Frente a las teclas de mi piano, lo único que pude hacer
fue poner mis manos encima y empezar a tocar algo. Era lo que
estaba en ese cuarto entre mi Dios y yo, entonces interpreté unas
cuantas notas, y algo a media voz alcancé a cantarle, no recuerdo
qué fue, pero lo hice más con el corazón que con mis dedos. Algo
exclamé suavemente, pero de repente, en medio de esos murmu-
llos, entoné una melodía que sé que fue Dios mismo cantándo-
me, arrullándome, amándome y diciéndome con nombre propio:
"Juan Manuel, no tengas miedo, Yo Soy tu Dios que estoy y estaré
siempre contigo".

Y nació esta canción:

No temas ni desmayes, porque yo soy tu Dios

Yo te escogí, yo te llamé, ¡no te deseché!

Yo estoy contigo,

No temas ni desmayes, porque yo soy tu Dios

Yo te escogí, yo te llamé, desde siempre te amé

Porque yo soy tu Dios que te esfuerzo;

Siempre te ayudaré y te sostendré

Yo te sustentaré con mi diestra de justicia

Yo te ayudaré y te fortaleceré

Y te cuidaré con mi diestra de poder

Y te llevaré con mi amor y entre mis brazos

Te sostendré, Te Amaré, Te cuidaré.

Isaías 41:8-18. Esta es una de las promesas que más me ha sustentado a lo largo de mi vida y se ha hecho real en ella, una oración que se convirtió en canción y en una acción poderosa de Dios en mi existencia. Toda la Gloria y la gracia a ti, mí Señor Jesús.

Paz en medio de la tormenta

Lo más hermoso es que ese mismo Dios que me habló y cantó, trayéndome Su Esperanza, lo quiere y lo PUEDE hacer contigo también. No importa la situación por la que estemos pasando, lo insoportable de la circunstancia adversa, Dios sí sostiene, quita el temor, te escogió con un plan, te llamó, NO NOS DESECHA, no nos rechaza; aunque te hayas sentido descalificado, siempre te ayudará, te sustentará, te fortalecerá y te llevará en sus Manos. Cuando nadie más lo hace, Él estará ahí, y te cargará en Sus brazos rodeándote con Amor.

Puede suceder que la circunstancia no cambie, aun así, Su Amor hacia ti seguirá siendo firme. Él, en medio de tu dolor estará para cambiar ese lamento en gozo y danza, canción ¡y propósito! Esto sucederá únicamente sostenido en Su Palabra y Sus incomparables y buenas promesas. Es allí donde nuestra fe tiene sustento y fortaleza, así que, no vivo por lo que veo o por lo que siento, vivo por lo que Él me promete en Su Palabra. ¡Esto es real y poder de Dios que es vida! ¡Es una determinación a caminar sobre esa verdad!

Aún recuerdo como si fuera hoy, cuando Dios me continuaba diciendo, después de esas notas hermosas: "Hijo mío, pueden llegar a rodearte lazos de la muerte, pero es más poderosa la vida que yo puedo infundir en ti para mostrar mi Gloria, y que me conozcan a Mí a través de ti." Hoy te lo dice a ti también: "no importa lo que estés pasando, yo quiero ser tu refugio y esperanza por encima de tu circunstancia, y tengo un propósito para ti también, aunque hoy no lo veas, de cierto lo verás".

....

"Cuando Jesús oyó esto, dijo: «Esta enfermedad no terminará en muerte, sino que es para la gloria de Dios, para que por ella el Hijo de Dios sea glorificado".

Juan 11:4 NVI

....

Ese fue mi primer encuentro real con Jesús, rendí y entregué mi vida a Él. Tal vez meses atrás levanté la mano en la iglesia o repetí una oración mecánicamente, pero solo fue en ese instante, a solas con Dios y un piano que todo ocurrió.

Decisiones para siempre

A partir de ese momento empecé una relación más cercana con mi Padre, permitiendo así que Él continuara haciendo lo que deseaba en mí, pues Sus Planes son mejores. Y sumándole al regalo de Su Amor y Su Presencia continua en mí, como si no bastara, me regaló la música. Implantó en mí una pasión y un deseo tan grande por estudiar y dedicarme a ella, sobre todo, porque siendo sincero, en mi corazón yo sabía que si no me conectaba con Dios de esa manera, pudiendo abrir mi corazón, expresar lo que sentía y vivía y hablar con Él, ahí si corría todo el riesgo de morir o tener una vida sin sentido.

A mis 17 años decidí estudiar música, algo que nunca había pasado por mi cabeza, pues hasta ese tiempo quería estudiar arquitectura o medicina, pero ahora: "música." Esto era algo ilógico para muchos, pero esa locura era lo que llenaba mi corazón, me acercaba más a Dios y me conectaba con la vida.

CAPÍTULO 5

A seguir viviendo

Ya habían pasado algunos meses del año 1994, todo el país giraba en torno al futbol, ¡la selección Colombia había clasificado nuevamente al mundial! Después de su buena intervención en el mundial de Italia 90 y luego de ese histórico 5-0 contra la selección de Argentina meses atrás. Me gustaba mucho el futbol en ese entonces, tanto que, con mis mejores amigos, además de apoyar a la selección Colombia, fuimos también parte de una llamada barra "brava," con la cual apoyábamos a nuestro equipo del alma, ¡Millonarios! De alguna manera, ellos me animaban e íbamos al estadio El Campin de Bogotá, varias veces a sumarnos a la mancha azul que gritaba a todo pulmón: "¡MILLOS, MILLOS!" Mi casa y el colegio no eran la excepción, todo era futbol, ambiente de mundial, amarillo azul y rojo, alegría y expectativas. Ese mismo sentimiento se vivía entre mis compañeros y yo, al pensar y decidir la carrera que determinaría nuestro futuro, pues esto estaba a la vuelta de unos meses.

¿Sí terminaré?, ¿qué voy a hacer con mi vida?

Mientras que todos mis amigos y compañeros de curso en el colegio estaban haciendo los mejores planes, trazándose los más grandes sueños, yo gastaba mucho tiempo de mi vida viendo cómo no morirme, con mi dolor emocional y el deterioro de mi salud. Sin hablar abiertamente de lo que estaba pasando, carcomiéndome por dentro en mi secreto, debía afrontar la cruel realidad buscando el agua en el desierto, que consistía en seguir entrando en mi refugio con Dios y con el arte musical.

En ese mismo año ingresé a la academia de música Cristancho en Bogotá. Experimenté en el violín un tiempo, pero no pude seguir debido a la limitación del movimiento de mis codos que no me dejaban realizar bien el manejo del arco. La música seguía siendo mi compañera vital todos los días. Después de ese intento fallido con el violín, decidí continuar definitivamente con el piano, inspirado aún más cuando tuve la oportunidad de ver en la academia tocar a Edie Martínez, pianista en un pequeño concierto de jazz. Lo que yo interpretaba era muy básico y me concentraba en sacar las canciones de la iglesia.

Cuando ya definitivamente les conté a mis padres mi deseo de estudiar música, no fue lo que ellos estaban esperando. Creo que muy pocos padres celebran esta clase de noticias de parte de sus hijos y no fui la excepción. Puedo imaginar lo que pensaron: "con esta profesión se va a morir de hambre". Esto creó un poco de inquietud en ellos, pero obviamente, por toda la situación que se estaba afrontando y como apoyo incondicional a su hijo, me impulsaron en el proceso, sé que en el fondo entendían que eso me llenaba de vida y esperanza, más allá del dinero o los éxitos profesionales en el futuro, esto era mi alimento para el alma.

En ese grado 11, la carga académica obviamente era mayor, fue un año bastante complejo y pesado. En medio de cada una de mis crisis de salud e incapacidades, el colegio, mis amigos y compañeros, me apoyaron de una manera determinante para finalizar. Ellos, sin saber lo que ocurría, con sus bromas muchas veces me hacían reír, pero a veces venían pensamientos como por ejemplo: "¿por qué ellos sí pueden tener una vida normal y yo no?" Entonces solo guardaba silencio. Ellos me traían alegría y me contagiaban de sonrisas, esto me ayudaba a salir adelante y a olvidarme por momentos de todo.

El poder de la amistad

Ese fue el año de Clásicos de la Provincia, uno de los mejores trabajos musicales de Carlos Vives, un éxito total. Para sorpresa mía, hubo un concierto privado en el Colegio, a mí me gustaba mucho su música, pero no podía asistir porque en esos días estaba con hemorragia e incapacitado. El día del concierto no asistí al colegio, era en la noche; yo decía: "¿cómo voy a ir a un concierto si no he podido ni siquiera asistir al colegio?" Pero con la insistencia tan especial y de amistad profunda de mis amigos, casi que me llevaron halado de un pie, creo que estaba en muletas, ¡pero allí estuvimos! De la misma forma también fue para el Prom (la fiesta de final de año). La verdad, yo no quería asistir, primero por mis complejos, temores y dolores, también porque la única pareja que tenía y me dijo sí, fue el bastón de mi abuelito. Todos iban a asistir con sus parejas y yo no pretendía ir solo, "así no voy, no quiero estar allá, qué frustración…" Prefería estar solo en mi casa, que ir a ver a todos felices bailando.

Pensaba nuevamente en mi autoaislamiento, pero el Amor de Dios fluyó, a través de mis amigos, los cuales me sacaron casi de la casa nuevamente a jalones y fui. Pasé feliz, no importaba si bailaba o no, estaba con ellos, con Dios y aprendiendo, viviendo la vida poco a poco, paso a paso aprendiendo a ser feliz por encima de mis complejos. Cojeando cada vez más, pero aun eso no me detuvo para bailar con mi pareja: ¡el bastón!

¡Esos son los amigos, te impulsan también a salir y a vivir momentos felices!

Ahora sí, ¡sí terminaré! El niño que a los 6 meses de edad le habían dicho que no viviría más de 8 años o que quedaría con problemas graves de aprendizaje, o con un posible retraso mental, como alguna vez lo dijeron los médicos, se encontraba deambulando por el tapete rojo del nuevo coliseo del Gimnasio Campestre rumbo a recibir su diploma de bachiller, en la ceremonia final del colegio, de mano del Rector Jorge Bernardo Londoño, de quien tengo muy gratos recuerdos y le profeso gratitud, escoltado por mis amigos. Lo que no se podía lograr ni pensar según lo determinó el hombre, se pudo realizar y terminar gracias a Dios. ¡Me pude graduar!

Vida en Iglesia

Paralelo a mi colegio en ese grado 11, continuaban los días y me iba comprometiendo más en la iglesia, buscando a Dios, pero ahora por convicción propia; sobre todo, de manera realmente voluntaria y no llevado por la presión amorosa de mi madre. Puntualmente iba al grupo de jóvenes, incluso realicé un curso de "crecimiento espiritual" que fue poderoso y revelador para reafirmar mi fe, en ese lugar nuevamente le dije a Jesús que fuera mi Dueño, rendí mi voluntad otra vez ya de manera pública.

Sin embargo, mi vida emocional, mi alma estaba mal, cada vez peor, pero luchaba para que nadie lo notara, intentaba siempre sonreír de algún modo a las personas, porque entendía que nadie es culpable de mi circunstancia o dolores, no podía transmitir mi dolor y sufrimiento a los demás, aunque a veces lo hice o trataba de hacerlo, es egoísta hacerlo, pues es verter mi basura en ellos, yo, pese a lo que estaba sucediendo debía y quería ser trasmisor de amor y paz, no de frustración o "culpa." La intimidad con Dios, es el mejor escenario para dejar y entregar el dolor, la frustración y el desánimo, para que sea Él la fuente de mi paz, alegría y salud.

Mi lugar favorito

En ese entonces, lo que pensaba y vivía en lo secreto se me estaba volviendo una cárcel, cadenas y grilletes fuertes de llevar por el miedo a vivir, el temor de lo que pudiera pasar, incertidumbre hacia el futuro. Por otro lado, la prevención al "¿qué dirán?" Todo esto me llevó a un autoaislamiento temeroso y voluntario para no afectar a nadie, tanto social, internamente y con Dios. Eran luchas muy complejas, Jesús estaba en mi corazón, eso lo tenía claro, pero continuaban las batallas a muerte en mi mente y pensamientos de todo tipo.

Ese miedo se convirtió en temor paralizante a ese futuro; era igual o peor que los dolores físicos que continuaban azotando mi cuerpo. Pese a esto, estaba aún en mí el poder ir al piano en la casa, en mi soledad para tocar, cantar y hablar con Dios; esa era mi fuente de vida, pues allí recibía paz y esperanza para seguir. Era igual a cuando David tocaba frente al rey Saúl, el espíritu que lo atormentaba a este rey desaparecía; esto sucedía por el corazón y el espíritu de quien salía la música, o sea, David. En ese preciso momento empecé a comprender el poder espiritual y emocional de la adoración acompañada con música y un corazón sincero y realmente entregado al Señor. Pasaba horas en aquel lugar y me encantaba; aún sigue siendo uno de mis lugares preferidos.

¿Cuál es tu lugar preferido? Más allá de la mejor playa o paisaje hermoso, el lugar por excelencia en dónde estar y permanecer es ¡en la intimidad con Dios! Tú a solas con Él, ¡no existe mejor sitio dónde estar!

"¡Juan Manuel, sal del cuarto y ven a almorzar!".

Decían mis padres continuamente, golpeando la puerta de mi habitación cuando se me pasaban las horas adorando. En otras oportunidades interpretaba el piano. Era evidente mi gusto por la música, lo que me llevaba a avanzar poco a poco en el instrumento.

Como cualquier madre orgullosa de su hijo, la mía me decía constante e insistentemente cosas como: "tan bonito que se oye, ofrécete al pastor, al grupo de alabanza en la iglesia y di que tú sabes tocar. Si quieres yo hablo con el pastor." Las madres siempre quieren que sus hijos se exhiban y demuestren lo que saben hacer. Yo le respondía: "no mamá, no, si Dios desea que yo esté, Él me llamará."

Algo que tuve totalmente claro desde el principio, a pesar de que tenía un deseo enorme de pertenecer al ministerio musical de alabanza y sentarme en ese piano a adorar, era que, si iba a estar en esa posición, Dios mismo me iba a llamar y poner en el corazón de alguien que me invitara, y yo no tener que promocionarme u ofrecerme.

El llamado, sin temor hay milagros

Un par de semanas después de todo esto, el pastor de la iglesia me contactó y me preguntó si deseaba presentarme en una audición para pertenecer al ministerio de alabanza. Hoy doy gracias a Ti, Señor, porque fuiste Quien me pusiste allí, en ese camino. Esta era la continuación y cumplimiento del Plan perfecto escrito por Dios desde antes de nacer para mi vida.

Llegó el día de la audición, estaba citado para ese sábado en la tarde, 4pm, porque era el día que se reunía el ministerio a ensayar. Yo había preparado una canción y unos acordes que me sabía, habiendo tenido una buena semana, no hubo presencia de hemorragias o dolores, así que estaba muy animado, pero a su vez muy nervioso en medio de estos sentimientos encontrados, pero igualmente feliz. De repente, aproximadamente a las 11am me empezó a dar una hemorragia en el codo derecho, fue de una manera espontánea, pues no me había golpeado, empezó a subir rápidamente la presión, el calor en la articulación y el dolor, inmediatamente la incapacidad para mover el brazo llegó. Como era lógico, el desenlace de la hemorragia inevitablemente sería el no poder mover el brazo durante 3 días. De nuevo llegaron esos sentimientos de contienda con la situación por lo que estaba pasando, pues no entendía, si yo iba a una audición para alabar a Dios, ¿por qué tuve esta hemorragia? Así que no se hizo esperar de nuevo la lucha de pensamientos y desilusión. La pregunta era: "¿voy o no a la audición? El dolor no me dejaba mover el brazo, la mano, ni los dedos, así que no podría tocar. Hubo momentos de duda y temor, sabía que era una lucha, porque había alguien que no quería, que fuera a esa audición. ¿Coincidencia? No. En oración, con decisión y fe nos subimos al auto, desde Cota hasta la iglesia estuve con el brazo inmóvil, sosteniéndolo con una bufanda azul de lana en forma de cabestrillo. Con dolor, pero orando y diciéndole a Dios: "yo quiero hacer esto, deseo alabar, por encima de la situación; voy porque Tú me llamaste".

Cuando llegamos a la iglesia, ingresé al lugar donde estaba el piano, aún me encontraba con el brazo inmovilizado. En mi mente estaban mis deseos de hacerlo, pero mis dudas golpeaban mis pensamientos: "no voy a poder tocar." Pero en el momento más determinante dije: "no le voy a dar gusto al que no quiere que yo lo haga."

Al momento de sentarme y poner mis dedos en el piano, estos se comenzaron a mover de manera natural, el dolor se fue y ¡pude tocar los acordes y la canción! Así ocurrió, fue milagroso, fue Dios mismo nuevamente haciendo más evidente Su Mano sobre las mías. Me llevaba nuevamente a Su propósito. ¡Gracias, Jesús!

Pasé la audición, pude empezar a tocar esas teclas blancas y negras del piano, dejando también allí mi corazón en cada nota.

Proverbios 3:1 y 8 NVI

"Hijo mío, no te olvides de mi ley y tu corazón guarde mis mandamientos, v8 porque será medicina para tus huesos y refrigerio para tu cuerpo".

[3] *"Clama a mí y te responderé, y te daré a conocer cosas grandes y ocultas que tú no sabes...*
[6] *"Sin embargo, les daré salud y los curaré; los sanaré y haré que disfruten de abundante paz y seguridad.*

Jeremías 33:3 y 6 NVI

Adorando con el corazón

Una oración que hice desde el principio, cuando me sentaba a tocar solo o en la iglesia fue: "Dios, te entrego cada uno de mis dedos, mis manos, mis brazos, principalmente te pido que oigas mi corazón a través de cada nota que interprete. Tal vez mis manos no serán las más virtuosas o profesionales, pero mi deseo es tocar tu corazón y alabarte; amarte con cada sonido que salga de mí a través de esas notas y de mi boca. El instrumento que te adora es mi corazón."

Que haya Unción de Dios en la interpretación, es más allá de la técnica, del talento y el conocimiento (sin dejar de buscar la excelencia). Si no hay Unción y Gracia de Dios en tu servicio, no sirve de nada, en absoluto, es ruido y espectáculo. No tiene lo fundamental, la sal que la da la Presencia de Dios, el reflejar a Cristo.

Más instrumentos de Dios

Tocaba en la alabanza dominical una vez al mes y en oportunidades en el grupo de jóvenes. Allí conocí a un líder, pero más que eso, un amigo que me dio palabras hermosas de fe, Camilo, quien dirigió el grupo de jóvenes un tiempo y también estaba en los tiempos de oración y discipulado en la alabanza. Recuerdo que un día, sentados en las bancas azules de la iglesia, previo a empezar el ensayo y después de haber tenido un tiempo de oración, él, sin saber que yo estaba en uno de esos días donde la depresión, el temor, la duda y el dolor me habían hecho nido nuevamente en mí, y estuve en unos cuantos rounds más con el Señor, hasta el punto de desistir y abandonarlo todo. Hizo un silencio, me miro y dijo:

"Juanma, Dios sabe y conoce que tienes mucho temor por tu vida y tu futuro; te cuesta mucho no saber qué va a pasar, pero hoy Dios te dice que no tengas miedo, Él tiene tu vida en el hueco de Su mano y no te soltará".

Por encima de mis capacidades

Era la prueba del Icfes, la más determinante y el factor primario que daría entrada a la carrera universitaria que se elegía para estudiar. A manera de broma, mis amigos en medio de su temor por saber los resultados, sabiendo que yo quería estudiar música, como la consideraban una carrera poco importante, decían que mi puntaje podría ser cualquiera ya que no se necesitaba mucho para estudiar "eso". Todos ellos querían carreras convencionales como ingeniería civil, administración, derecho, arquitectura entre otras; así que para ellos era una bicoca.

Por encima de mis expectativas y las de ellos mi resultado fue de 350 sobre 400. Con ese buen puntaje, aun pudiendo presentarme para estudiar otra cosa, llené papeles y me fui a presentar a la carrera de estudios musicales –piano- en la universidad Javeriana en Bogotá.

Totalmente inocente fui a realizar todas las pruebas de admisión, digo inocentemente o ingenuo, ya que no es un secreto que aquellos que desean estudiar música de manera profesional en un conservatorio de tan altísimo nivel como el de la Javeriana, deben haber estudiado música continuamente desde los 7 u 8 años de edad, con un proceso desde niños. Como ya lo saben, yo había empezado tardíamente a los 17 años. Todos los demás aspirantes me llevaban una ventaja muy grande.

Igual, fui a presentarme. Recuerdo que fueron 2 días de pruebas, sábado y domingo. El sábado las pruebas de aptitudes y conocimientos teóricos musicales; el domingo prueba del énfasis, en este caso, de piano como instrumento, pues quería ser un gran pianista.

El sábado fueron pruebas como entrenamiento auditivo, reconocer notas y algunos acordes, ritmos y algo de gramática básica. En esa oportunidad me fue bastante bien.

El domingo, recuerdo que tuve que ir en muletas y en bus intermunicipal desde Cota hasta la calle 45 en Bogotá a presentar la audición de piano, casi 30 kilómetros. Llegué al edificio Pablo VI, que se encuentra atestado de escaleras, me senté esperando mi turno con mucho temor, me temblaban las rodillas mientras oía y veía que todos los jóvenes que pasaban tocaban unas piezas muy avanzadas; estudios, sonatas, preludios, de todo un poco, en fin, un nivel que yo por ningún lado tenía.

Me correspondió mi momento, fui el último en la lista. Ingresé al salón, allí se encontraba sentada una maestra rusa, con un aspecto de mal humor, mirada recia y rígida, de mal genio para mí. No sé por qué los rusos tienen esa reputación, entonces me sentía aún más intimidado, después de todo lo que había oído y de la situación con este "gendarme" musical que me había correspondido para audicionar.

Me senté frente al piano negro de media cola, con la tapa entreabierta, hermoso; estaba en el centro del auditorio, así que dejé mis muletas en el piso, de inmediato la maestra rusa dijo en tono firme y fuerte, de manera tal que lo sentí como un llamado militar:

"Manuel, ¿qué va a tocar?"

Sin preámbulos y con inexperiencia, pero decisión, empecé a tocar algo así:

Do-do-sol-sol-la-la-sol

Fa-fa-mi-mi-re-re-do

Sol-sol-fa-fa-mi-mi-re

Sol-sol-fa-fa-mi-mi-re

Do-do-sol-sol-la-la-sol...

Eran las notas de la canción *"estrellita, ¿dónde estás?"* con ambas manos; después de unas cuantas notas de mi magistral interpretación, hubo una interrupción inesperada de la maestra:

"No, no, no... no hay nivel, eso no sirve, vete, no sirve para estudiar piano".

Recogí mis muletas del piso, salí del salón, muy triste, me dirigí a buscar el trasporte público para regresar a mi casa. No me pude contener, lloré todo el trayecto, no había nada qué hacer en ese momento, mis capacidades y destrezas no eran suficientes para poder pasar a la universidad y ser músico lo que se había convertido en vital para mi vida y no había ni siquiera contemplado otra carrera como segunda opción.

Llegué a la casa muy triste, lo único que se podía hacer era tratar de llenar y pasar papeles a otro lugar. Yo quería ahí en la Javeriana, pero era obvio que ya era imposible.

El martes en la noche, luego de regresar de unas clases en la academia Cristancho, mis papás me recibieron con la noticia de que me habían llamado de la decanatura de la Facultad de Artes de la Javeriana, dejándome un mensaje:

- "Tienes cita mañana con el decano de la facultad a las 6pm en la universidad".

Me llené de nervios y alcancé a pensar: "les gustó Estrellita"... jajá.

Me llené de incertidumbre y preguntas: ¿qué pasaría? ¿Qué ocurrió? O ¿para qué sería?

Llegué muy puntual a la cita con el destino, así como en la audición, me correspondió el último turno de cita con el decano. Me llamaron y entré a la oficina y ahí estaba sentado el maestro Guillermo Gaviria, que se levantó de su asiento y me saludó muy cordialmente mirándome. Después de un fuerte saludo pregunto: "Juan Manuel, ¿cómo estás?"

- "Muy bien, gracias a Dios", respondí.

Tenía mi carpeta en sus manos, con varios papeles, tanto de la audición como todo lo requerido por la universidad. Después de examinarlos un poco me dijo:

"Veo que en las pruebas de aptitudes te fue muy bien, pero en piano, no aprobaste, ¿qué fue lo que paso?"

No supe qué responderle, no dije nada, luego de seguir mirando algunos papeles adicionales, salió de su oficina y regresó pasados dos minutos, estaba muy nervioso.

Se sentó nuevamente y dijo: "¿puedes volver a tocar, por favor, lo que interpretaste en la audición?" Y sí, sentado frente al decano, me ubiqué en el piano que estaba al lado de su escritorio y empecé nuevamente a tocar:

Do-do-sol-sol-la-la-sol

Fa-fa-mi-mi-re-re-do

Sol-sol-fa-fa-mi-mi-re. (Nuevamente "Estrellita, ¿dónde estás?")

Me dejó terminar, sin decir nada más que:

"¿Sabes tocar algo más?"

Volví a poner mis dedos en el teclado y empecé a tocar unos acordes de una canción cristiana, era un acompañamiento, más que una canción completa como tal. Al terminar, giró su cabeza y me dijo calmadamente:

"No, no hay nivel, Juan Manuel". Hizo una larga pausa. "Pero, coincidencialmente, en este próximo semestre empieza un nuevo programa en la Facultad de Artes y el departamento de música, que es el énfasis en Ingeniería de Sonido y Producción, ya tu énfasis no sería el piano, pero verías la música igual que todos los demás, ¿te gustaría? Si quieres, te doy el cupo ya."

¿Coincidencia? No, nada es coincidencial, yo le llamo Diosidencias. Nuevamente, por encima de mis propias capacidades, el Plan perfecto del Dios "Tejedor" de nuestras vidas, continuaba poniendo, cada pieza del rompecabezas en su lugar. Como es bien claro en la Biblia, Él tiene contado y calculado hasta la cantidad exacta de cabellos que tenemos, no hace nada al azar, jamás improvisa. Dios es perfecto, como sabiamente lo citaba Albert Einstein: "Dios No Juega a los dados" con nuestras vidas.

"Y Él les tiene contados a ustedes aun los cabellos de la cabeza. ³¹ Así que no tengan miedo; ustedes valen más".

Mateo 10:30-31 NVI

Contra todo pronóstico, salí esa noche de la oficina con cupo otorgado directamente por el decano, para empezar a estudiar a partir del primer semestre del año 1995. Eran 12 semestres de plan curricular de música con énfasis en Ingeniería de sonido y Producción, la combinación perfecta, porque siempre me había inquietado en el tema del manejo de equipos y seguía floreciendo el gusto y las ganas de componer.

El comienzo del sueño

Empecé la carrera feliz, no abandoné mi instrumento, tenía clases de piano complementario dentro del pensum y paralelamente aprovechaba todo taller y curso de música popular y jazz que encontraba. De igual manera, buscaba material anexo con profesores de la universidad que tenían conocimientos de piano jazz y latino.

Como parte del continuo trato de Dios en mi corazón, cuando conté en el grupo de alabanza, que había sido aceptado en la universidad a música e ingeniería de sonido, dijeron: "qué bien, ya tenemos quién maneje el sonido." Pues me cambiaron, por lo menos yo lo vi de esa manera. De estar sirviendo en el piano los domingos fui conducido a servir en la consola, exactamente en la cabina de sonido, encerrado en un cubículo. Mi deseo era estar arriba, al frente tocando, y ¿por qué no?, que me vieran.

Dios sabe cómo hace todo, así que estuve un año en ese lugar, aprendiendo y recordando que todo lo que hiciera y dijera debía venir de lo profundo de mi corazón sin importar el lugar donde estuviera, y que si debía alabarlo, inclusive dejando de interpretar el piano los domingos, encerrado frente a una consola, iba a ser el mejor, porque lo haría de corazón para el Señor. Fue un trato duro con mi orgullo o deseo de ser observado por los demás. Allí no paraba el proceso de Dios, pues faltaba "la prueba de los baños".

Los sábados, junto con otros amigos, tuve que limpiar los baños del grupo de jóvenes durante un mes, mientras los demás compartían. Ahí aprendí que un trapero, un cepillo y un balde con jabón frente a un excusado sucio, se pueden convertir en los mejores medios e instrumentos de aprender la adoración real a Dios. Comprendí lo que alguien me enseñó en el pasado: Ministerio es sinónimo de SERVICIO y si no puedes empuñar bien un trapero o una escoba con gozo en tu corazón, no tendrás un espíritu humilde y aprobado para lo grande de Dios.

En la U

Los Dolores de mi rodilla izquierda continuaban, pero ahora eran mucho más fuertes y, como si fuera poco, venían acompañados de días en los cuales mis codos seguían sangrando internamente, convirtiéndose, por la presión y cantidad de sangre en la articulación, en hematomas rojos, con insoportable dolor. Cada vez más y más limitado con mis codos en el ángulo de movimiento, como lo mencioné anteriormente, era progresivo y degenerativo. Mi rodilla parecía una bola de billar, sobresaliendo de manera apretada en el pliegue de la rótula de mi pantalón, era algo impresionante y decepcionante para mí.

Aun con la adversidad junto a mí, en febrero de 1995 pude comenzar a estudiar materias como entrenamiento auditivo, historia de la música, literatura y materiales (gramática), práctica coral, cálculo, física, piano, introducción a la grabación. Un grupo de compañeros de 25 personas completaba mi inicio de clases. Recuerdo que dentro de lo que se podía hacer, paralelo al pensum oficial de la carrera, estaba la Emisora Javeriana Estéreo, en la cual me ofrecí para ser parte y estuve como programador practicante de la franja de jazz latino. Seguía creciendo mi gusto por este género, quería aprender y conocer cada vez más cómo interpretarlo.

Lo inevitable

A comienzos del mes de marzo de ese año, con lo poco que sabía de piano, acordes y otras cosas, daba clases particulares a unos niños en el norte de Bogotá. Eran aproximadamente las 4 de la tarde, iba andando con mi bastón camino a una clase, cuando intempestivamente, al dar el siguiente paso con mi rodilla izquierda, se me paralizó, se bloqueó y caí al piso sin poder moverme, ni volver a estirar la pierna.

Por todas las hemorragias repetidas en la rodilla y la hemartrosis, la rodilla ya estaba por dentro totalmente destruida, quedó bloqueada en un ángulo aproximado de 45 grados debido a las fisuras articulares y al daño en los huesos.

Quedé tendido en la calle, frente a la entrada del conjunto donde iba a dictar la clase, unas personas me ayudaron a sentarme en el borde de la acera. Tuve que llegar saltando en un solo pie al lugar. No dije mucho, pero por dentro estaba gritando y llorando de tanto dolor, como de incomprensión nuevamente por esto. Trataba de extender la pierna y desbloquearla a la fuerza con ayuda de mis brazos, pero no había nada qué hacer. Llamé a mis padres, les conté lo sucedido, así que vinieron por mí para llevarme al médico. Definitivamente no había opciones inmediatas para solucionar esto, debía acostumbrarme a andar en muletas siempre, porque ya la rodilla no servía.

Más Diosidencias

Después de haber faltado 15 días a clase y tener controlado un poco el dolor, volví a la universidad con mis axilas más estropeadas y desgastadas a causa de las muletas, pero aun así debía continuar mi carrera. Tuve que acostumbrarme a realizar todo el resto del primer semestre en la universidad andando en muletas, subir y bajar escaleras del edificio Pablo VI de la Javeriana. Fue tremendamente duro y agotador, quedaba sin fuerzas en muchas oportunidades, otras veces me salían lágrimas de agotamiento por la situación.

"Señor Jesús, ayúdame, no puedo más", decía, sentado en las bancas de la entrada de algún salón. Quise arrojar muchas veces esas muletas y no volverlas a tomar, pero Él fue mi fuerza y me sostuvo mucho más firme que esas dos tiras de metal que estaban a lado y lado de mi cuerpo. Me levantaba y seguía con fe, solo porque Él me fortalecía. La Palabra de Dios es real.

"¿No has sabido, no has oído que el Dios eterno es Jehová, el cual creó los confines de la tierra? No desfallece, ni se fatiga con cansancio, y su entendimiento no hay quien lo alcance. [29] *Él da esfuerzo al cansado y multiplica las fuerzas al que no tiene ningunas".*

Isaías 40:28-29 NTV

Fuerzas como las del búfalo dice la Palabra, fortaleza para seguir, después de hacer una pausa en la cual Él nos infunde aliento; solo así pude avanzar y cursar el primer semestre. Por otro lado, los médicos continuaban mirando opciones en cuanto a mi movilidad, pero con esa rodilla bloqueada, no había muchas esperanzas. Se hablaba de reemplazos articulares, pero era incierto y lejano; debía empezar a mentalizarme y aceptar que no volvería a caminar sin muletas. Los médicos seguían investigando posibilidades y yo nuevamente preguntándome qué iba a pasar, qué ocurriría conmigo. Ahora aún más inválido, pensaba en muchos momentos. De nuevo regresaban mis luchas con Dios, incluso, cuando iba a la iglesia y me sentaba en las bancas azules, intentaba colocar mi mejor semblante, quería compartir lo más naturalmente posible con los amigos del grupo de jóvenes pero a veces era muy difícil, por dentro seguía sintiéndome frustrado y clamándole al Señor: "Sáname, ayúdame, no quiero estar así. Todos están bien, caminando, y yo no." Le decía a Dios también en oración: "creo en ti, no te dejaré hasta que no me bendigas".

La situación por momentos me hacía olvidar que Dios siempre tiene ya todo planeado en su cronograma perfecto.

Mientras esperaba de parte de Dios un milagro creativo en esa articulación. Entonaba en mi corazón una canción muy personal:

> Yo te alabo con el Corazón, yo te alabo con mi voz,
>
> Y si me falta la voz, yo te alabo con las manos… y si me faltan las manos, yo te alabo con los pies,
>
> Y si me faltan los pies, yo te alabo con el alma, y si me falta el alma, es que me he ido con Él...
>
> ¡Y te seguiré alabando!

Exactamente en el lapso de las vacaciones entre el primer y segundo semestre, llegó a Bogotá el Doctor Adolfo Llinás, una eminencia y especialista en ortopedia. Era la primera vez que regresaba al país, venía a trabajar a través de la Liga Colombiana de Hemofílicos, directamente al hospital San Ignacio- al lado de mi Universidad-. Su objetivo consistía en hacer remplazos de rodilla intraarticulares y el primer remplazo de rodilla que hizo en el país fue el mío. Esto me permitió hacer toda la carrera de manera más consistente y caminando. Mi calidad de vida mejoró sustancialmente, inclusive la anomalía de mi pierna menguó, se mejoró y ya caminaba más recto y erguido.

Los planes de Dios son perfectos, en medio del pensamiento "ya no hay nada qué hacer", Él escribe: "¡Está todo por hacer!"

Un Comienzo que no quería

Las defensas de mi organismo progresivamente iban bajando, los exámenes periódicos que me realizaban para el seguimiento del VIH, mostraban que las células T iban bajando, el recuento de carga del virus en mi organismo iba aumentando, sumado a esto en ciertos momentos me sentía agotado por la misma condición de salud. Era inevitable empezar a tomar los llamados "cocteles" de medicamentos para tratar de frenar un poco la enfermedad.

"¡Dios mío, tampoco quiero esto! ¿Por qué debo de experimentar esta clase de situaciones?"

Era el año de 1997, me encontraba en quinto semestre, tenía controles exhaustivos de infectología, citas en lugares del centro de Bogotá, eran los únicos sitios en la ciudad donde el Seguro Social tenía los programas Especiales dirigidos para el VIH-Sida y ETS (Enfermedades de Trasmisión Sexual), rodeado de seres humanos de todo tipo, con la misma enfermedad mía y teniendo la necesidad de un toque de Amor e intervención milagrosa de Dios. Cada vez que iba a estas citas y análisis, pensaba:

"Dios, yo no hice nada para merecer esto tampoco, qué injusticia, ni siquiera supe lo es que estar y compartir con una mujer, no disfruté mi vida".

La impotencia frente a esta situación me causaba desequilibrio, me llevaba a pelear y cuestionar nuevamente todo.

Fueron más que naturales y humanas estas luchas, llegando después de mucho tiempo a pedirle perdón a Dios por reaccionar de esta manera, pues ignoraba que Él estaba tratando mi corazón y llevándome a ver la necesidad de otros por encima de su condición o la mía. Yo no era nadie para juzgar, estaba en la misma condición de impotencia que los demás enfermos de VIH-Sida, necesitando un Toque del Amor y esperanza que solo puede otorgar Jesús.

El dolor nos sensibiliza muchas veces con la necesidad del otro, para que podamos llorar con los que lloran y reír con los que ríen.

El "coctel" de medicamentos antirretrovirales que empecé a tomar era un conjunto de aproximadamente 22 tabletas diarias que me debía tomar de la combinación de tres medicamentos.

Ahora se sumaba este trago amargo diario con todos los efectos secundarios tan fuertes que traía esta combinación de medicamentos que obligatoriamente debía tomar.

Náuseas, vómitos y mareos que a veces me dejaban sin aliento, sin fuerzas ni deseos de poderme levantar. Me encerraba en los baños de la universidad a trasbocar y dejar en el excusado el resultado de lo que los medicamentos provocaban. Después de cada una de estas batallas, llorando frente al inodoro, solo con Dios, dejaba también mi dolor y cuestionamientos; me limpiaba las lágrimas y después de algunos sollozos musicales, salía con la determinación de seguir viviendo, entraba a clase de solfeo o coro, a entonar alguna melodía polifónica, luego de haber ya calentado mi voz cantando a solas con Dios en ese lugar.

En Su Presencia

Dios quiere que cambiemos nuestra queja por gratitud. El lamento público no sirve, hay un único lugar correcto y apropiado para hacerlo, ¡a solas con Dios! Él nunca te va a juzgar o reprochar; en un momento íntimo de oración y rendición se cambiará la queja por palabras de Gratitud, paz, fortaleza y esperanza. Dios toma tu corazón entregado y te seca tus lágrimas, solo rinde todo tu corazón, toda tu alma y todas tus fuerzas para Él.

"Clamo al Señor;
ruego la misericordia del Señor.
*² Expongo **mis quejas delante de él***
y le cuento todos mis problemas.
³ Cuando me siento agobiado,
solo tú sabes qué camino debo tomar.
Vaya adonde vaya,

mis enemigos me han tendido trampas.
⁴ Busco a alguien que venga a ayudarme,
¡pero a nadie se le ocurre hacerlo!
Nadie me ayudará;
a nadie le importa un bledo lo que me pasa.
⁵ Entonces oro a ti, oh SEÑOR,
y digo: «Tú eres mi lugar de refugio.
En verdad, eres todo lo que quiero en la vida".

Salmo 142:1-5 NTV

Cuando entregamos en las manos de Dios nuestras angustias y afanes, Él nos responde, dándonos primero que todo paz , si vamos a Su presencia , nunca nos soltará, y cambiará tu lamento y llanto, en canción y alabanza… ¡y hasta en baile!

"Convertiste mi lamento en danza;
me quitaste la ropa de luto
y me vestiste de fiesta,
¹² para que te cante y te glorifique,
y no me quede callado.

*¡SEÑOR mi Dios, **siempre te daré gracias!"***

Salmo 30:11-12 NVI

CAPÍTULO 6

¡Los mejores planes!

¡Música... Más música!

Seguía en la universidad, rodeado de música. En toda mi vida esto fue y ha sido alentador e inspirador. Dios la usó para poder seguir adelante, pues aparte de lo que aprendía en mis estudios, iba leyendo y queriendo conocer también la mejor manera en la cual se debe alabar a Dios, tanto con los sonidos de la música, como con mi corazón, -el instrumento principal- y con lo que dice la Palabra, ya que adoración es igual a obediencia y rendición.

*La **obediencia** es mejor que el sacrificio.*
1 Samuel15:22 NTV

Leía libros, me exigía en oír buena música y "alimentarme espiritualmente bien", porque de lo que uno permite que entre en su mente, eso piensa y de lo que se llenan los oídos eso interpreta o compone. En todos los aspectos de tu vida esto es una verdad.

En ese tiempo me enamoré definitivamente del jazz y, sobre todo, de sus fusiones con ritmos latinos. Luego de unos cursos libres de Jazz e improvisación que tuve con Antonio Arnedo y su Hermano "Tico", hemofílico también, con quien hemos compartido más que la enfermedad; la música, la fe y esperanza en Dios. Encontré en grabaciones a Michel Camilo, Gonzalo Rubalcaba, Arturo Sandoval, Irakere, Tito Puente, entre otros. De música Cristiana oía grupos de buena calidad de ese entonces, como Marcos Vidal, Torre fuerte, Hossana e Integriti Music, esta última para mí, una excelente banda, con impecables arreglos y un ministerio con un nivel musical y espiritual como pocos, pues entre ellos estaban músicos de la talla de Alex Acuña, Abraham Laboriel y Justo Almario, saxofonista colombiano, a quien Dios me dio el privilegio de conocer personalmente en unos talleres en la universidad.

Recuerdo muy bien lo impresionante de su talento y una humildad única, que inspiraba a mirar, no solo su don musical, sino al autor que se lo había otorgado: Dios. Yo me encontraba muy emocionado. Al final del curso interpretó con su saxo tenor, con el auditorio en silencio, las notas de Amazing Grace "Sublime Gracia, del Señor." Fue extremadamente hermoso, se podía apreciar, además de los mejores sonidos, su corazón enamorado de Dios, que, sin decir una palabra, trasmitía más que el discurso más elocuente. "Yo quiero hacer eso, Dios," era lo que pensaba.

Al final, me acerqué a hablar con él, muy gentilmente puso su atención en mí unos minutos, tuvimos un cruce de palabras y después de contarle en pocas palabras un poco de mi vida como hemofílico y las dificultades en los codos y brazos por el dolor y las hemorragias que a veces no me permitían estudiar piano o llegar al nivel que anhelaba, "ser un gran jazzista como usted," él me respondió:

"Continúa adelante, pero lo más importante es que hagas lo que hagas y donde vayas, Dios oiga tu corazón y la gente lo pueda ver a Él a través de ti".

Con música o sin ella, con piano o sin él , lo realmente importante es que Dios sea el centro, que Jesús oiga mi corazón, para que por medio mio lo conozcan a Él, si no es así, todo lo que hago o pudiera hacer va a perder sentido.

En muchas oportunidades tuve que interrumpir mis periodos de ensayos en el piano por las hemorragias en los codos, porque ahí seguían las hemartrosis degenerativas, que continuaban haciendo que mis codos se doblaran y limitaran más. En esos tiempos, ese "sueño ideal" de ser un gran pianista, se iba distorsionando y parecía imposible que se cumpliera.

Más allá de ese sueño, Dios tenía algo mejor. Lo más lindo era descubrir lentamente a Dios también en medio de mis momentos de dolor y espera también, y entender que de esos momentos de inflamación de los codos, podrían salir también las más bellas oraciones y alabanzas a Dios, con piano o sin él. Aun en medio de la prueba, en medio de la batalla y en la tormenta, puedes alabar a Dios, pues es precisamente allí donde aprendes a hacerlo mejor y dar gracias, a ejercitar la Fe sin ver nada porque Él está ahí contigo. Aprendí que si rio o lloro lo puedo alabar, si gano o pierdo, lo alabaré de la misma manera.

Cuando paraba el dolor, regresaba al piano y lo hacía con todas mis fuerzas y corazón, como si fuera el último momento dejando mi alma en cada tecla.

En la actualidad, mis brazos están encorvados y bloqueados los codos, el brazo derecho casi con cero de ángulo de movimiento, bloqueado en 45 grados, no puedo hacer movimientos de pronosupinación (girar la palma de la mano para arriba o hacia un lado o el otro), soy diestro, pero con el brazo derecho no puedo peinarme, ni siquiera tocarme…, todo debo hacerlo con mi brazo izquierdo, el cual no tiene mucha diferencia porque también está bloqueado, solo con un poco más de movilidad.

Pero aun así, tengo exactamente el movimiento para poder poner mis dos brazos delgados, voltear desde los codos mis muñecas y colocarlas en el piano y ¡PUEDO TOCAR El PIANO! Gracias

Señor Jesús, En medio de la limitación Tú siempre sabes cómo enseñarnos y demostrar que la superación viene de Ti y de un corazón esforzado y decidido a creerte, poniendo toda la determinación en hacerlo.

Tal vez no interpreto las mejores notas, las más excelentes, pero si es la mejor demostración que tengo en mi propio cuerpo, de la misericordia y fidelidad de Dios, por encima de lo imposible y de mis limitaciones, ¡Él lo hizo Posible!

¿Qué es lo que te impulsa?

Piensa un momento, seas músico, adorador, un siervo de cualquier ministerio, padre, hijo, trabajador, en fin, simplemente pregúntate, ¿para quién haces todo? ¿Cuál es tu motivación?

¿Necesitamos tenerlo todo para poder hacer las cosas bien?

¿Para quién estás "tocando" en tu vida? Una Pregunta que solo tú la puedes responder en lo íntimo. Muchas veces la motivación de hacer las cosas es agradar o quedar bien con las personas, o llevarme el reconocimiento y los aplausos. Es claro que en parte lo que hacemos es para servir a los demás, porque nacimos para servir al prójimo, pero lo más importante es que absolutamente todo lo hagamos con la primera y sublime motivación de sacarle sonrisas a Dios. Si así lo hacemos lo segundo será en verdad relevante, trasformador y cumplirá el propósito que Dios quiere de nuestra vida, que miren al que tiene que ser dirigida todas las miradas, al realmente importante, a Jesús.

Preguntas que necesitan una Respuesta

En una ocasión, un médico me dijo, por todo lo que estaba viviendo en mi salud: "¿usted por qué mejor no se suicida?"

- ¿Por qué me dice eso?

- ¿Qué responder Dios mío? -pensaba.

Seguía asistiendo en oportunidades a la universidad y a la iglesia con una muleta o las dos, por alguna hemorragia en los tobillos. Ya había bajado la intensidad de estas, así como el tema de mi rodilla izquierda por ese reemplazo que hizo que mejorara mi calidad de vida. Los codos me seguían sangrando repetidamente.

Amigos, líderes y algunos pastores me dieron mucho amor y apoyo en este tema puntualmente, oraban por mí y sé que sinceramente me amaban, pero como es obvio, y en todo lugar las hay, no faltan aquellas personas imprudentes que pretenden tener la razón del por qué le suceden las cosas a los demás, y me decían: "¿qué le paso, otra vez enfermito?"

"Lo que le falta es fe." "Si en verdad tuviera fe estaría sano." "Pida con fe de verdad." En la actualidad todavía en algunos lugares existe ese concepto erróneo, que si yo estoy con Dios todo tiene que estar perfecto y si no es así, algo se está haciendo mal.

Las pruebas, enfermedades o dificultades son muchas veces simplemente parte del existir. En muchas oportunidades, es Él queriendo revelar lo que hay en el corazón y que seamos forjados; y que si tú en verdad confías en lo que Él dijo: "¿no te he dicho que si crees verás la gloria de Dios?" Si le crees, en verdad la verás.

Jesús mismo, en una ocasión respondió estas preguntas:

A su paso, Jesús vio a un hombre que <u>era ciego de nacimiento</u>. [2] Y sus discípulos le preguntaron:

—Rabí, para que este hombre haya nacido ciego, ¿quién pecó?, ¿él o sus padres?

[3] —Ni él pecó, ni sus padres —respondió Jesús—, sino *que esto sucedió para que la obra de Dios se hiciera evidente en su vida.*

Juan 11:4 NVI

Es y ha sido así lo que he vivido, por sobre todo, para que Dios sea evidente; lo que Él hace por encima de la adversidad es para mostrar Su mano, Su fidelidad y mostrarse tal como es Él.

Qué ligereza se tiene en muchas oportunidades para juzgar y señalar tan fácilmente, más aún cuando tú no estás en medio de la situación. La misma Palabra dice que la fe es probada por el fuego y es ejercitada realmente en los momentos fuertes, porque en los tiempos fáciles muchas veces no se necesita tener fe y es fácil confiar.

No pretendas crecer espiritualmente sin antes padecer un poco o mucho. No es que nos guste el sufrimiento, porque a nadie le agrada esta situación, pero debemos ser moldeados, doblegados en momentos y hasta quebrantados para ser en verdad formados.

Muy fácil sería el evangelio y la vida cristiana, si todo fuera siempre color de rosa, todo solucionado, prosperidad, y siempre la sanidad instantánea. Sin dudar que Dios sana y lo puede hacer así en un segundo, no siempre tiene que ser así, pues en Su soberanía, Amor y Fidelidad, Él obra de múltiples maneras en Su multiforme Gracia.

La vida cristiana real tiene un precio muy elevado que se debe pagar. "No es para muchos, sino para machos", valientes. Gracias a Dios que la podemos vivir, no por nuestras fuerzas sino por la Gracia y Poder del Espíritu Santo que actúa en nosotros.

Muy fácil sería para mí solo señalar a esas personas, los hermanitos juzgadores, hipócritas y mata fe que existen en todos lados. ¿Te has encontrado con uno de ellos? Lo verdadero es que yo también he actuado muchas veces de esa errónea manera, ¿y tú?

Respóndete a solas estas preguntas:

¿No te he dicho que si crees verás la gloria de Dios?

¿Quién pecó, este o sus padres?

¿Hay algo imposible para Dios?

¿Existe algo difícil para Él?

Persiguiendo una vida normal

En medio de lo que se había vuelto más vivible y llevadero de mi vida, continuaba viendo la fuerza que Dios me daba para despertarme, levantarme y seguir adelante y la decisión de seguir viviendo con alegría y de llevar una vida lo más normal. Iba y venía a diferentes lados, montaba en flota, colectivo (trasporte público), hacía algunos planes con los amigos de la iglesia; empecé a participar también del grupo musical de la cuadrangular llamado Nuevo Vino, íbamos a tocar a varias ciudades, la pasaba feliz también en muchos momentos, en la iglesia era casi la mayoría de mi vida social, ya fuera los domingos después de los servicios, o los sábados en el grupo de jóvenes universitarios y después de este.

Me sentía mejor y me veía también un poco mejor sin tanta cojera por el remplazo de rodilla izquierda, con más tranquilidad y confianza en Dios, a veces en la iglesia los domingos dirigía también la parte musical y de adoración con el grupo de alabanza, esto me llenaba aún más de Fe, propósito y felicidad.

A los 21 años, con deseos de tener novia, empecé a conocer una joven, que veía todos los fines de semana en la iglesia, de familia cristiana. En algunas ocasiones la había visto porque estudió unos semestres en la Universidad Javeriana. Inicialmente fue solo una amistad, recuerdo que tenía mi misma edad. Luego de un tiempo de compartir y conocerla un poco más, tomé la decisión y le dije que si quería ser mi novia. Yo no era, ni me consideraba el mejor partido por todas mis circunstancias de salud, pero igual asumí el riesgo. Como era hija de pastores, tuve que formalizar la relación y, desde luego, que ella consintiera ser mi novia.

Pasados los días, ya teníamos más confianza por el tiempo compartido, ella tenía conocimiento de mi hemofilia, además que era lo más evidente por las hemorragias, dolores e incapacidades. Sin embargo, no lo sabía todo, pues contarle lo del VIH sí que era difícil, era algo que no se puede decir a todo el mundo. No es fácil que las personas se enteren que estás con VIH, es ese miedo al rechazo, el señalamiento, aislamiento social y la crítica. Yo solo quería ser y vivir lo más normal posible. Dios sabe que la única intención real de mi corazón era hacer las cosas bien y seguir viviendo en todo sentido.

Una lucha constante

Internamente vivía en una continua pelea, una batalla para conseguir estar bien, en medio de cada circunstancia adversa, era una batalla a muerte no solo en mis células sino también en mi cabeza, pero aun así, estar seguro que todo hacía parte de un plan perfecto de Dios. No es fácil tratar de vivir una vida con hemofilia y ahora con otra enfermedad que socialmente provoca toda clase de reacciones.

Todo lo que es y se piensa del sida, la connotación social, médica y el recelo que continuaba habiendo por una enfermedad mortal en esa época y en la actualidad, era y continuaba siendo muy complicado. Ya presentar explicaciones, justificaciones y pretender vivir una vida normal como los demás, aparte de la realidad médica, se convierte en una condena diaria. Me había correspondido afrontar esto en mi vida con Dios. Porque el plan de Él es soberano y está destinado desde la eternidad y se realiza por encima de mi voluntad.

Afrontando la verdad

Pasados dos años aproximadamente de noviazgo con dicha joven, con mi intención de hacer las cosas lo mejor posible, decidí contarle la "bomba de mi enfermedad secreta". Pensé mucho, le pedí a Dios que me diera sabiduría y tomé la decisión de decirle.

Recuerdo que fue un viernes en la noche, luego de salir de trabajar de un estudio de grabación, en el cual, a manera de free-lance, iba desarrollándome poco a poco en edición y producción de audio, música comercial, doblaje de películas, etc. Ahí había llegado y empezado a vincularme al medio de la música publicitaria. Cursaba octavo semestre, Dios puso ahí a mi amigo "Lucho", a quien usó para abrirme puertas laborales en el medio. Ese día salí del estudio en el cual le hacía remplazos y llegué a la casa de ella, salimos a dar un paseo por un parque cercano, y después de hacer un pequeño preámbulo, le conté que estaba contagiado con VIH-sida y la manera como me había ocurrido. La noticia era totalmente inesperada, yo no sabía lo que iba ocurrir. Ella no dijo mayor cosa, solo un par de preguntas. Luego de unos minutos entramos a la casa de sus padres, les conté también a ellos y a su hermano. Todo quedó en silencio durante unos minutos. Hubo expresiones de dolor y lágrimas. Pasada la intempestiva noticia, los padres me abrazaron, dijeron: "tranquilo, te vamos a apoyar, cuentas con nosotros" e hicieron una oración por mí. Salí de ahí sin entender mucho en medio de toda esa marea de emociones, solo esperando lo que Dios dispusiera. Al otro día solo hablamos un momento por teléfono, aparentemente todo se encontraba "normal". El domingo después de los servicios de la iglesia me citó a su casa para dialogar.

Una respuesta obvia, un duro golpe

Como era lo más lógico y natural, ante una noticia como esta y pensando ellos con cabeza fría por su hija, y ella divisando su futuro, la decisión de ellos fue terminar la relación que teníamos. No más noviazgo, Juan Manuel. En ese diálogo de tarde dominical, las palabras fueron algo más o menos estas: "jugaste conmigo, con mi vida, me engañaste, no lo puedo resistir", "si Dios te sana de pronto tenemos opción de continuar, de lo contrario así es muy difícil." "No más, no te quiero, no te puedo volver a ver más."

Días después, los comentarios de sus padres también eran algo similar: "nos has engañado", "yo no quiero esto para mi hija." Recuerdo también que me citaron el versículo: "y conoceréis la verdad y la verdad os hará libres," adicionando la explicación de: "ya conocimos tu verdad, ahora somos libres para decidir que no sigas con nuestra hija". Fue muy duro este golpe. ¿Quién soy yo para juzgarlos? Lo que sí sé, es que yo estuve y me vi juzgado en lo más crudo de la situación y en todo mi ser. Seguían resonando las palabras: "tranquilo, cuentas con nosotros, te vamos a apoyar." Adicionalmente, entré en una crisis con la Palabra de Dios y las promesas que ahí están escritas para nuestras vidas, como: "el amor todo lo puede", "no hay nada imposible para Dios." Sí, allí estaban escritas, pero no las veía realizadas en medio de esta situación.

Muy razonable la posición que adoptaron, lo único que yo clamaba a gritos por dentro era: "por favor, pónganse un segundo en mi situación para que comprendan cómo me siento, así sea por un momento", pero sentí que su mano fue dura e implacable sobre mí y el rechazo que no quería me había tocado. Días después, a pesar que les había pedido el favor que esto que les había contado lo guardaran para ellos porque no quería que nadie más lo supiera, de manera impulsiva fueron directamente al pastor principal de la iglesia y, sin decirme nada, se reunieron con él, le contaron lo de mi contagio y lo que estaba pasando.

En resumidas cuentas: cita con el pastor. Lo primero que hicieron fue recalcar y enfatizar: "eres un engañador, has jugado y lastimado a una de las princesas del Señor", "no te puedes volver a acercar a ella y no la puedes ver, las cosas no van a ser igual". Luego una oración y una despedida diplomática con palmada en la espalda. Tomaron medidas en el asunto, enviaron a la joven a otra sede de la iglesia, para que no tuviera la posibilidad de encontrarse conmigo y como decisión del pastorado y liderazgo en ese entonces, cancelaron el grupo de jóvenes de los sábados durante todo el año. De no haber sido por mi convicción de que no estaba en la iglesia por un hombre, sino por Dios, hubiera salido corriendo rápidamente huyendo de todo eso.

Morir para vivir, perder para ganar

Qué situación tan difícil, estaba desconcertado por la reacción y el manejo que le dieron a esta situación. Según ellos, habían resuelto un problema, pero yo tenía que seguir viviendo de la mejor manera, con toda mi salud y ahora con esta nueva herida en mi corazón y a solas.

No entendía por qué en esa reacción primaria decían apoyarme, cuando solo vi y sentí señalamiento. Todo lo que se había dicho de: te vamos a ayudar, pastorear, estar pendientes de ti, nunca fue así, apenas acercamientos superficiales.

Imagino que para todos los involucrados fue complejo manejar la situación, la realidad y lo que tenemos que afrontar muchas veces es y serán inevitables. Pero por encima de todo ¡gracias a Dios, fue así! De mi parte, hoy solo tengo palabras de agradecimiento, sincera y profunda bendición para todos, por todas estas situaciones que se experimentaron. Evidentemente fue lo mejor, pues se convirtió en el instrumento de Dios para llevarme y empujarme a la bendición de mi vida, a la manera perfecta de nuestro Dios. Si no hubiera ocurrido de esta manera, no estaríamos cumpliendo el camino en el cual Dios nos ha predestinado a mí, a mi esposa y a nuestras hijas.

¿Planes perfectos? Los de Dios

Esto era parte de su designio, Él quería que yo pasara en medio de la soledad en este espacio de desierto, con un propósito, yo debía aprender esto para mi vida y así moldear mi carácter.

Durante este tiempo de soledad, pude orar aún más, llorar y clamar con todo mi ser al Señor. En mi corazón, Dios quería hacerme entender que había puesto mi confianza y esperanza en mis sueños, en el hombre, en las personas que me amaban y aceptaban, seres humanos falibles al igual que lo soy yo, y no había depositado mi área emocional en Él.

Como dice la Palabra:

> «*Malditos son los que ponen su confianza en simples*
> *seres humanos,*
> *que se apoyan en la fuerza humana*
> *y apartan el corazón del Señor.*
>
> **Jeremías 17:5 NTV**

¡Tiempo en el secreto!

Qué mejor pastoreo que el de Jesús directamente, es el único en verdad que cambió mi vida. Puedes dar gracias a Dios por los pastores, líderes, consejeros, que coloca con un corazón amoroso y dispuesto para ministrar y aconsejar, pero solo en la intimidad con Dios, encontrarás lo que nadie te dará. Los tesoros en el secreto con Dios y el sustento de tu vida solo se encuentran cuando tú y Dios están a solas.

> *El Señor es mi pastor, **nada me falta,** en verdes pastos*
> ***me hace descansar.***
> *Junto a tranquilas aguas me conduce;*
> *³ me infunde nuevas fuerzas.*
> ***Me guía** por sendas de justicia*
> ***por amor a su nombre.***
>
> **Salmo 23:1-2 NVI**

Y fue precisamente ahí, a solas con Dios, donde volví a recordar que ¡Él es Amor y Sanador!, a agarrarme fuertemente de la esperanza en Él. Inclusive, si llegara a suceder que "mi padre y mi madre me dejaren" siempre Él me recogerá.

Tuve que renunciar y morir a mi deseo profundo de casarme y tener familia, sacrificar ese amado "Isaac" que había en mi corazón de realizarme como hombre y formar un hogar. No fue fácil esto, me causaba dolor hasta lo más profundo de mi alma, porque anhelaba casarme, era un deseo de mi corazón desde muy niño. Me imaginaba la ceremonia, mi vestido y el vestido de mi futura esposa. Ahora, no solo quería casarme, sino soñaba con tener una familia, anhelaba tener hijas –no hijos-. Ahora ese deseo se desvanecía por completo. En esos momentos de lucha, de pérdida de uno de los sueños más deseados, de deserción, Dios me regaló una porción de Su Palabra, el salmo 73. Dios me habló y me identificó con esa Palabra, donde Asaf, el salmista, quien lo escribió, se sincera con Dios y le dice: "no entiendo por qué a muchos, que ni siquiera te toman en cuenta, Señor, y se burlan de ti, les va mejor que a mí. Y yo que te amo y te busco me va peor, no vale la pena buscarte o tenerte como Señor. No lo pude comprender hasta que entré en la Presencia de Dios. Allí entendí.

> En verdad, ¡**cuán bueno es Dios** con Israel,
> ¡con los puros de corazón!
> ² Yo estuve a punto de caer,
> y poco me faltó para que resbalara.
> ³ Sentí envidia de los arrogantes,
> al ver la prosperidad de esos malvados.
> ⁴ Ellos no tienen ningún problema;
> su cuerpo está fuerte y saludable.[a]
> ⁵ Libres están de los afanes de todos;
> no les afectan los infortunios humanos.
> ⁶ Por eso lucen su orgullo como un collar,
> y hacen gala de su violencia.

⁷ ¡Están que revientan de malicia,
y hasta se les ven sus malas intenciones!
⁸ Son burlones, hablan con doblez,
y arrogantes oprimen y amenazan.
⁹ Con la boca increpan al cielo,
con la lengua dominan la tierra.
¹⁰ Por eso la gente acude a ellos
y cree todo lo que afirman.
¹¹ Hasta dicen: «¿Cómo puede Dios saberlo?
¿Acaso el Altísimo tiene entendimiento?»
¹² Así son los impíos;
sin afanarse, aumentan sus riquezas.
¹³ En verdad, *¿de qué me sirve*
mantener mi corazón limpio
y mis manos lavadas en la inocencia,
¹⁴ si todo el día me golpean
y de mañana me castigan?
¹⁵ Si hubiera dicho: «Voy a hablar como ellos»,
habría traicionado a tu linaje.
¹⁶ **Cuando traté de comprender todo esto,**
me resultó una carga insoportable,
¹⁷ **hasta que entré en el santuario de Dios;**
allí comprendí cuál será el destino de los malvados:
¹⁸ En verdad, los has puesto en terreno resbaladizo,
y los empujas a su propia destrucción.
¹⁹ ¡En un instante serán destruidos,
totalmente consumidos por el terror!
²⁰ Como quien despierta de un sueño,
así, Señor, cuando tú te levantes,
desecharás su falsa apariencia.
²¹ *Se me afligía el corazón*
y se me amargaba el ánimo
²² *por mi necedad e ignorancia.*
¡Me porté contigo como una bestia!
²³ Pero yo siempre estoy contigo,

pues tú me sostienes de la mano derecha.
[24] *Me guías con tu consejo,*
y más tarde me acogerás en gloria.
Salmo 73:1-24 NVI

Y las líneas finales traspasaron como una espada de amor mi corazón, llevándome a ver lo efímero de la vida y entender que Dios es más que suficiente:

[25] *¿A quién tengo en el cielo sino a ti?*
Si estoy contigo, ya nada quiero en la tierra. [26] *Podrán desfallecer mi cuerpo y mi espíritu, pero Dios*
fortalece mi corazón;
Él Es mi herencia eterna.

[27] *Perecerán los que se alejen de ti;*
tú destruyes a los que te son infieles.
[28] *Para Mí el bien es estar cerca de Dios.*
He hecho del Señor Soberano mi refugio
para contar todas sus obras.
Salmo 73:25-28 NVI

"Cerca de Mí, te quiero más cerca de Mí," es lo que me decía Dios. Es lo que Él quiere de ti y de mí, que estemos ¡CERCA DE ÉL!

Así, en este lugar y momento en oración, yo voluntariamente le dije al Señor: "Padre, renuncio a casarme, muero a este deseo, te lo entrego, si yo he de hacerlo, es porque tu harás un milagro, yo lo anhelo, pero que no se haga lo que yo quiero, sino que se realice Tu Voluntad en mi vida; si te tengo a Ti ya nada me falta, seguiré viviendo, sigo creyendo en ti".

De la muerte, Dios trae vida, al morir a ti, Él traerá Su voluntad, perder para ganar, morir para vivir. Lo mejor de lo mejor está por venir. Siempre de la Mano de Dios y de Sus designios perfectos, agradables y buenos.

Días después de ese momento y oración con el Señor, de descansar mi esperanza en Él, Dios, en Su plan, que no dejaba de sorprenderme, tenía algo más en esta historia; llegaría a conocer a la mejor mujer que existe: Paola Cuellar.

CAPÍTULO 7

Pero el amor es más fuerte

Había finalizado los semestres de la universidad, que en total fueron 12, continuaba trabajando en estudios de grabación como Video Móvil, Frecuencia Creativa, Grabando Estudios, haciendo producción de audio y música comercial; las crisis de salud de la hemofilia continuaban, me sangraban y dolían sobre todo los codos, a veces, la rodilla. El VIH seguía creciendo como asesino silencioso en mi cuerpo, alma y a veces en mi espíritu. En mi área emocional, ese deseo de formar una familia, en mí, ya no era una ansiedad, sino descansaba en lo que Dios tuviera para mí. Mi anhelo de casarme, llegó a ese punto de estar como "muerto" o dormido, cambiándolo o remplazándolo por mi mayor deseo y anhelo que era conocer más del amor de Dios y vivir para Él de la mejor manera, con todos mis errores y fracasos, el tiempo que más pudiera. Ese mayor deseo, en mis momentos a solas con el piano quedó escrito en otra canción que Él me regaló, en ella expresaba todo lo que había en mi interior, como lo citan nuevamente los salmos:

Oh Dios, tú eres mi Dios;
de todo corazón te busco.
Mi alma tiene sed de ti;
todo mi cuerpo te anhela

en esta tierra reseca y agotada
donde no hay agua.

Salmo 63:1 NVI

Las líneas que salieron de mi corazón, expresando lo que mi ser deseaba más que a nada, y era lo único que realmente llenaba mi vida, mi esperanza y calmaba esa sed de amor real, de ser amado, y la resequedad de mi alma en los momentos de angustia por mi futuro, fueron estas:

Mi anhelo es alabar, mi canción es proclamar, al Señor la
roca de mi salvación,
Mi deseo es exaltar y mi vida es adorar, al único redentor, al único
Salvador
A Jesucristo mi rey, al gran Emanuel
Él es quien me guía, quien me sustenta, es a quien voy a procla-
mar
Por Tu sangre libre soy
Por tus yagas sano soy
Por tu obra en la cruz salvo soy
Mi vida rindo a ti en adoración.

Más allá de cualquier cosa, eso era lo que más quería hacer.

Amigos en el camino

Me había ido a vivir a Bogotá con Jorge Enrique Bazzani, mi amigo del colegio, con quien hablé y me ofreció muy amablemente vivir con él en su apartamento, pues yo estaba buscando también ubicarme para vivir más cerca de los trabajos que tenía en la capital, pues todos estaban centrados en el barrio Chicó, una zona muy bonita. El apartamento quedaba aproximadamente a 12 cuadras del lugar. Continuaba congregándome en la iglesia. Los domingos, a veces, tocaba en los servicios. En el 2002 se volvió a reanudar la reunión del grupo de jóvenes los sábados en la tarde después de ese año de pausa. Así que ahora, adicional a los tiempos de los ensayos del grupo de alabanza, volvía a compartir en las reuniones de universitarios y profesionales que se llevaban a cabo en las noches. Luego, casi siempre, resolvían realizar algún plan, a veces me unía a las salidas, otras me iba al apartamento con Jorge Enrique, dependiendo del estado de ánimo, el cansancio que tuviera y por último, si debía madrugar al servicio del domingo. Desde allí empecé a desarrollar una amistad muy grande con otro de mis amigos especiales, el que armaba los planes, el de los chistes, él siempre quería salir a algún sitio por las noches y estar haciendo planes, así fuera las 12 o 1 de la mañana, sus frases conocidas eran:

"Y qué, ¿cuál es el plan?"

José Ricardo Daza, un querido amigo, también ha sido de esas personas totalmente incondicionales, compartió conmigo esa época de solteros donde vivimos toda clase de experiencias. Ya casados, junto con Natalia, su esposa y sus tres hermosos hijos, siempre han estado de la manera más amorosa y dispuesta. Con su humor característico y sus apuntes tontos pero graciosos y en el momento preciso, Dios usó su boca y corazón para hablarme y levantarme con Su amor. En otras oportunidades también ha sido instrumento para llamarme la atención. Esa es la esencia de los mejores amigos. Recuerdo una conversación entre anhelos y deseos mutuos del futuro, en medio de oración, lágrimas y sueños, me dijo:

"Juanma, usted va a tener la sanidad de parte de Dios, pero primero Él le va a entregar una esposa que lo ame así".

¡Qué palabras llenas de tanto poder! Hoy en día tienen todo el respaldo y el peso de parte de Dios. Nuevamente era un toque de fuerza, Fe y esperanza, a través de las personas que nos aman.

Hablando con Dios

Pasados unos días de esa conversación, finalizando el mes de febrero del año 2002, llegó a mis manos un libro llamado *"La Oración de Jabes"*, un libro corto y hermoso basado en 1 Crónicas 4:10, el cual, habla sobre la manera en la que este personaje del Antiguo Testamento se acerca a Dios y se propone hacer una oración decidida y determinada, descansando en Él, pero clamando para que Dios lo bendijera y ampliara su tierra, su propósito y su vida. Humildemente clamó con todas sus fuerzas: "¡Señor, Bendíceme!"

> *Él fue quien oró al Dios de Israel diciendo: «¡Ay, si tú me bendijeras y extendieras mi territorio! ¡Te ruego que estés conmigo en todo lo que haga, y líbrame de toda dificultad que me cause dolor!»; y Dios le concedió lo que pidió."*
> **1Crónicas 4:10. NVI**

Al finalizar de leer este libro, me encontré con una página en la que el autor incitaba a escribir las peticiones personales de una forma especial y luego orar. Movido en mi corazón y en mi espíritu, tomé un esfero azul desgastado, me encerré en mi cuarto a hablar con Dios y en esa página de aquel libro, clamándole a Dios con lágrimas, pero no de dolor, sino de amor, Fe y sumisión a lo que Él quisiera, escribí puntualmente en cada uno de los tres espacios posibles de peticiones de oración:

1. Señor Jesucristo, te pido por la confirmación de mi sanidad total

2. Por La salvación de mi padre y que se arregle el problema económico de la casa

3. Por mi esposa e hijas

No hijos, precisé en escribir HIJAS. Al día de hoy, así es exactamente, el Señor me ha bendecido con tres hermosas niñas.Todas estas peticiones están fechadas y escritas de febrero 23 de 2002, como un documento indeleble en mi corazón y en el de Dios, es real e irrefutable, porque es muestra de Su inmenso amor y paciencia al tratar con nosotros. Hoy, año 2019, 17 años después seguimos corroborando que Dios ha respondido, Él no olvida nuestras súplicas, Su Mano, Su Respuesta en cada una de estas y nos ha bendecido. Todavía guardo este libro como esos tesoros de vida.

Así que, si tienes peticiones, no tardes en hacerlas, solo que debes tener una actitud diferente, "hágase solo Tú voluntad," después de eso, ten paciencia. Espera en Él, descansa en sus manos con Fe, Dios es fiel, escucha y responde a Su manera Soberana y Sobrenatural. Así que, si es Su perfecta voluntad, llegará a su debido tiempo. ¡Te Amo Jesús!, te alabo mi Dios!

¿Quién es ella?

Pasados 6 meses, aproximadamente en el mes de Julio de 2002, continuaba viviendo en Bogotá, y unos amigos se iban a casar. Se les había programado un shower de despedida en casa de mis padres, un domingo después de la reunión de iglesia. Me preparé con mi carro para salir hacia la casa desde la iglesia con ellos a su celebración, de repente me fijé en una joven que yo no conocía. Pasados unos minutos, ella estaba subida en mi carro, muy bien acomodada y lista para ir a la reunión.

Llegamos a la casa en Cota, hubo un almuerzo y compartimos un rato agradable entre amigos. Ya al final de la tarde, cuando acabó la reunión, de regreso a Bogotá, decidimos distribuir a las personas en los diferentes carros para acercarlas a sus casas. En esa distribución se presentó la "casualidad," que esta joven nuevamente se encontraba en mi carro, porque vivía a 4 cuadras del apartamento en el cual yo vivía en Bogotá. Durante el camino la miraba por el retrovisor disimuladamente; me pareció muy bonita.

Poco a poco, de regreso, fui dejando en sus respectivas casas a mis amigos, finalmente, por la cercanía de donde vivíamos, la última persona que quedó en el carro y en el puesto de copiloto, a mi lado, fue ella. Hablamos un poco de cualquier cosa. Ya próximos a llegar a su casa, bajando por una calle principal, tuve un poco de hambre, como es habitual y decidí detenerme en una

estación de gasolina, donde había un restaurante pequeño de comida rápida, nos bajamos y le dije:

- "¿Te gustaría algo de comer?"

- "No gracias, no tengo hambre"-contestó.

- "Ah, bueno, yo sí."

Compré un perro caliente con bastantes salsas, papas y gaseo-
sa, ella estaba allí acompañándome y conversando de trivialida-
des. Yo, sutilmente, la seguía observando poco a poco con más
interés, porque lo que rondaba en mi mente, súbitamente, era el
pensamiento de:

"Algo diferente tiene esta mujer".

Ella finalmente no comió nada.

Subimos al carro de nuevo y unos cinco minutos después la
dejé en su casa de dos pisos, donde vivía con sus padres. Al despedirnos, le conté que yo vivía cerca, pero que en muchas oportunidades permanecía solo porque no tenía con quién compartir. A
esta sutil "insinuación", ella me dijo: *"Si quieres toma mi número de
teléfono y me llamas, si un día quieres que te acompañe a comer o quieres
venir a mi casa."* Ella sin ninguna intención más allá de ser amable.
Al despedirnos cuando entró en su casa, me subí al carro y lo que
continuaba dando vueltas en mi mente era: "esta mujer tiene algo
especial, ella tiene algo diferente."Ella era Paola Cuellar, quien
había llegado y llevaba dos meses asistiendo a la iglesia los domingos, invitada por Lizette Ruiz Masi, quien sigue siendo hoy
una gran amiga, apoyo en oración, y ha sido un instrumento de
Dios para nuestra familia y todo lo que hemos afrontado como
pareja a lo largo de estos años.

Operación conquista

En las primeras semanas de agosto de 2002 empecé a llamarla, siempre con esa inquietud creciente de: "¿qué es lo que tiene ella?", aparte de ser una mujer muy linda, querida y descomplicada.

Una noche la llamé y la invité para que me acompañara a comer a un restaurante cercano espaguetis a la boloñesa, fuimos caminando, hablamos bastante, pero yo estaba cojeando un poco más de lo normal porque me había dolido un tobillo a causa de una hemorragia esa semana. Años después, Paola me confesó que sí le había llamado la atención mi manera curiosa de caminar, pero no me preguntó nada, solo pensó:

"Uy, tan raro que camina." Creyó que tan solo se me había tronchado un pie.

Continuamos saliendo y cada vez que hablábamos era muy lindo; ella respondía a mis invitaciones, yo no le era indiferente. También me dijo luego que en principio salía conmigo, porque no tenía nada más que hacer.

En septiembre la invité a comer a las afueras de Bogotá, fuimos en mi carro a un excelente restaurante, comimos carne, pasamos un buen rato juntos y en ese almuerzo tomé la decisión de explicarle bien todo lo de la hemofilia, las hemorragias, hospitalizaciones, riesgos y todo lo que vivía. Yo muy serio y trascendental explicándole y ella por su parte, estaba aparentemente atenta a lo que yo decía, pero en verdad, mucho tiempo después me confesó, que no había entendido absolutamente nada.

Años después, Paola me contaría que ese día, no se hubiera fijado en mí si no hubiera tenido mi carro, porque "citas en bus ni loca". Dios alineó inclusive eso perfectamente. En la noche, en su casa, después que la dejé ese domingo, antes de irse a dormir, estuvo orando con el devocional de la emisora de la iglesia Manantial, en ese tiempo de oración, el Señor le dijo audiblemente:

"Paola, no conocerás otro varón, y con él vas a aprender a sentir".

Esas palabras marcaron su vida y la sorprendieron –porque el término "varón" no era habitual en su lenguaje. Lo primero que pensó fue: "¡Ay qué lindo, me voy a enamorar!", sin saber en ese momento todo lo que el Él tenía como plan para ella también.

¡La mesa está servida!

Pasadas dos semanas aproximadamente, a finales de septiembre, fue ella quien me invitó a una comida en su casa, un viernes en la noche. Salí de trabajar un poco cansado, pero quería ir a verla y comer con ella. Al entrar a su casa me llevé una gran sorpresa, era una invitación formal con su madre Gladys Rodríguez y su padrastro Alfonso Borrero. Ella, por supuesto, muy linda y bien arreglada, nada comparable con mi vestimenta nada acorde para la situación. La mesa estaba servida con la mejor vajilla, muy elegante. Los cuatro nos sentamos a la mesa, hablamos y comimos una deliciosa pasta. Gladys y Alfonso abandonaron la mesa después de acabar, Paola y yo pasamos a la sala. Al ver todo ese cuadro tan hermoso y luego de sentirme tan bien atendido, con una comida especial servida para mí; que nunca alguien ajeno a mi familia lo había hecho, mis ojos se llenaron de lágrimas por la emoción y sentir el amor de Dios que servía una mesa, un banquete en frente mío, a pesar de todas mis dudas, tristezas y luchas interiores, mostrándome una vez más Su amor. Me sentí como Mefibozet, el nieto de Saúl, a quien David quiso ayudar. Este se encontraba tullido de las dos piernas, despreciado y olvidado, al igual que él, Dios movía sus piezas para hacerme sentar en la mesa como si fuera un rey, en una mesa llena de amor, restauración y bendición para mi vida.

··

— *¿Y quién es este siervo suyo, para que Su Majestad se fije en él? ¡Si no valgo más que un perro muerto!*
2 Samuel 9: 8 NVI

··

Y ahora, frente a ese plato de pasta, más que una simple comida, que puede ser algo muy común para las personas, me sentía como hijo del Rey, nuevamente amado, aceptado y acogido con amor también en una familia diferente a la mía. Esto empezó a alimentar mi alma nuevamente.

....

³ Tullido de ambos pies, Mefiboset vivía en Jerusalén, pues siempre se sentaba a la mesa del rey.
2 Samuel 9:13 NVI

....

Paola, con su hermosa forma de ser, desprevenida y confiada, y no conociendo aun mi sensibilidad, no entendía lo que me pasaba, solo pensó: "Pero ¿por qué llora?"

Yo le dije después de esto: "Gracias, por esta noche y esta comida tan especial."

Seguían pasando las semanas, el trabajo de ella estaba por el sector donde los dos vivíamos; a veces nos encontrábamos en las mañanas de camino. La llamaba más seguido y entonces la invité al grupo de jóvenes de los sábados en la tarde en la iglesia. Al principio sabía que a ella le parecía algo aburrido, no le llamaba la atención, le parecía muy incómodo y no comprendía qué iba a hacer allá, pero igual le continué insistiendo y poco a poco empezó a ir conmigo.

Entrando en el mes de octubre, cada día me sentía más a la expectativa y emocionado de todo lo que estaba ocurriendo; pisando con pies de plomo por precaución y esperando la voluntad de Dios, no forzando nada, estaba descansando en lo que Él quisiera traer para mi futuro. Paola me gustaba cada vez más y estar con ella se había convertido en algo muy especial. Cuando estábamos juntos me sentía como en casa, tranquilo y era muy importante cada momento.

Corbatas y Saco

Finalizando el mes, hubo una fiesta de cumpleaños que organizó una persona del grupo de jóvenes, un sábado en la noche, a mí me invitaron, pero a Paola no, porque aún no tenía muchos amigos ahí. Esa tarde, antes de la fiesta yo fui a visitarla a su casa, la verdad yo quería quedarme con ella, pero Paola insistió:

"Ve a compartir con tus amigos" y agregó: "si quieres yo te ayudo a prepararte".

-"Sí"- le respondí con cara de felicidad.

Así fue, me empezó a recomendar corbatas, de pronto otro saco y qué colonia me gustaba. A mí me parecía mentira todo lo que estaba pasando. Realmente no sabía qué pretexto sacar para quedarme más tiempo, pero finalmente salimos. A Paola cada vez la veía más linda.

Ya afuera en el antejardín, con mi corazón con ansias de quedarse, Paola se quedó del lado interno de su casa y yo en la parte de afuera de la misma. Era una escena típica de una película romántica, ella mirándome fijamente y yo también. Me acerqué y a través de esa reja le di un pequeño beso de despedida en la boca. Muy lindo y tierno, no se lo esperaba, pero se acercó y me correspondió. Después del beso no hubo palabras, solo me subí al carro y simplemente unas miradas tiernas que se cruzaron, con un amor que ambos sabíamos empezaba a nacer. ¡Salí de ahí, literalmente, saltando en un pie!

Llegué al cumpleaños esa noche y al primero que me encontré fue a mi amigo José Ricardo, a quien le había contado de Paola Cuellar y la conocía un poco. Al verme que estaba tan feliz sonriendo y bailando por todos lados como un trompo, me tomó aparte y me dijo: "¿qué te pasó, cabezón?"

Yo, con una inmensa sonrisa, le contesté: "¡la besé y me besó!"

Al otro día, domingo en la iglesia, yo sentía que teníamos un noviazgo oficial, le tomé la mano, todo para mí estaba muy claro. Paola luego me dijo, que estaba aún a la expectativa y no entendía muy bien lo que estaba pasando, pero continuaba a mi lado.

¿Será otra vez lo mismo?

Todo era un cúmulo de emociones, una bola de nieve de sentimientos en esta relación con Paola que iba a pasos agigantados y a velocidades muy rápidas, todo se dio sin buscarlo o forzarlo, lo ocurrido después de ese beso a comienzos de noviembre. Así que me encerré en mi cuarto a orar y preguntarle a Dios: "Señor ¿qué es todo esto?", "Gracias Padre, es lindo sentirse amado." Yo no quería volver a tener una desilusión, no estaba preparado para experimentar nuevamente lo anterior. Le decía:

"Señor, no quiero equivocarme, quiero hacer las cosas bien." Sabía que debía hablar con Paola lo de mi otra realidad, el VIH-Sida, todo aquello que estaba pasando en mis células y viviendo en mi salud de manera secreta.

Sentía mucho temor y angustia de lo que pudiera pasar, de cómo iba a reaccionar ella. "No estoy dispuesto a vivir lo mismo, Señor ese rechazo que me hizo tanto daño, otro igual no lo resistiría".

El veredicto final

Ocho días antes de enfrentar mi realidad ante ella, le dije que ayunáramos los dos para que el Señor nos guiara. Ella sin entender mucho, pero yo sabiendo el paso trascendental que se iba a dar.

Si iba a ser rechazado que fuera lo más pronto y no esperar ni un segundo más, no quería vivir en medio de ilusiones falsas.

Decidí hacerlo al siguiente domingo en la tarde, luego de que esa semana Dios me recordara Sus promesas en la Biblia y me aferraba a ellas:

"No temas, Yo estoy contigo, te fortaleceré, te ayudaré y te guiaré, Yo iré delante tuyo"

"Qué esperas, dile al pueblo que marche, pon tu pie en el Jordán y las aguas se abrirán"

Con todo esto en mente y algo de fe, fui a su casa, almorzamos delicioso como siempre, sus padres se subieron al segundo piso y nosotros nos quedamos dialogando en la cocina, el mejor lugar de la casa para hacer visita.

Yo, un poco más disperso, dando vueltas a la conversación, sabiendo en el fondo que estaba en el momento propicio para confesar mi secreto; comencé a encaminar nuestra conversación hacia algo más serio con frases como: "la vida da muchas vueltas, en la vida pasan cosas que a veces no esperamos."

En un momento determinado en medio de lo que hablábamos puntualicé un poco más y dije: "Paola, hay algo muy importante y transcendental que debo contarte ahora mismo, no sé de qué manera lo vas a recibir y qué tanto pueden llegar a cambiar las cosas entre los dos". Intempestivamente Paola me interrumpió, con su voz firme y queriéndole dar ya fin a mi rodeo de palabras, diciendo:

- "¿Qué?, ¿es que tienes Sida?"

Yo bajé sutilmente mi mirada, volví a levantarla y en una actitud de rendición le respondí:

- "Sí".

En mi cabeza en ese segundo paso la película de lo obvio por venir: el rechazo, el "hasta luego", el ya no más. Me encontraba a la espera del golpe contundente de: "no puedo, aquí se terminó todo". Con la total tranquilidad que la caracteriza y esa mirada que reflejaba una paz y amor que es humanamente inexplicable respondió:

"No me importa, yo te amo y Dios te sana".

Dentro de mis posibilidades humanas, creo que esperaba todo, menos eso. El simple hecho de recordar esas palabras, me hace llorar nuevamente de alegría. Para Dios esta fue la oportunidad perfecta de mostrar Su Infinito Amor a través de un corazón dispuesto a creerle.

Amamos la locura del Amor de Dios, pues una respuesta de ese estilo únicamente podía venir del corazón del Señor a través de los labios de Paola, aún más, sin yo merecerlo o esperarlo. Allí en esa cocina, tomados de las manos, en ese momento tan hermoso, entendí eso tan especial y diferente que tiene ella; la manifestación del amor real de Dios en su vida y la fe que mueve montañas.

Como lo cita la Palabra y ha sido real en toda nuestra historia a lo largo de los años, la verdadera fe, esa que contiene acciones, certeza, convicción, milagros, etc. No la religiosidad y ritos externos.

"… Lo importante es la fe que se expresa por medio del amor."
Gálatas 5:6 NTV

Con esa respuesta, panorama y nueva esperanza, continuamos saliendo y conociéndonos. Contábamos con la aprobación de nuestros padres, así que estábamos pisando terrenos más firmes. Inmediatamente después que me fui de su casa, Paola subió y le contó a su madre. Llegó donde ella llorando por lo que le había contado y lo que me pasaba a mí en mi salud, ella le respondió, siendo una mujer que no asistía a ninguna iglesia cristiana, pero con una fe más grande que muchos: "yo sé que Dios lo sana, yo te apoyo". Así vimos aún más el Respaldo y Propósito de Dios.

Rodeando la muerte

6 de diciembre de 2002. Pasábamos más días juntos. Yo había regresado días antes a vivir de nuevo en la casa de mis padres en Cota, porque el apartamento con mi amigo Jorge Enrique ya no iba a estar disponible, lo iban a vender. Fuimos invitados Paola y yo al matrimonio de unos amigos de la iglesia, Luis Fernando y Carmenza "mencha". Llegué temprano a la casa de Paola, nos arreglamos, ella estaba súper linda, yo vestido de smoking muy elegante. Fuimos en mi carro azul, junto con mi hermano y su novia. Fue una ceremonia muy especial en la iglesia Carismática Cuadrangular de la sede de las Villas, de ahí salimos para la recepción en un salón. Disfrutamos un momento agradable compartiendo con ellos. Al terminar la recepción fuimos a dejar primero a la novia de mi hermano y luego a Paola a su casa. Mi hermano Carlos Andrés me esperó un momento afuera en el carro, yo entré con Paola a su casa y en una pequeña conversación de despedida en su sala, fue la primera vez que le dije que me gustaría algo mucho más serio con ella, que sería un sueño poner en manos de Dios el pensar en casarnos; esto no fue una proposición formal, pero fue la primera vez que hablamos de un futuro juntos.

Salimos con mi hermano, eran aproximadamente las 12 de la noche, por lo cansado le entregué las llaves de mi carro a mi hermano para que él manejara. A esa hora, después de media noche, a unos quinientos metros adelante del puente de guadua, ubicado en una vía principal, saliendo de Bogotá hay un par de estaciones de gasolina, en las que en ese entonces parqueaban al borde de la carretera, sobre la berma, los buses grandes alimentadores de Transmilenio, organizados en fila. Estaba yo dormido en el asiento del copiloto con mi hermano al volante. Cuando pasamos dicho puente, mi hermano tuvo un microsueño y perdió el control total del vehículo saliéndose de la carretera. Nos estrellamos con uno de esos gigantescos buses, quedando toda la parte izquierda del copiloto donde yo estaba debajo del alimentador de Transmilenio y totalmente destrozado el carro.

Cuando desperté por el impacto del choque, abrí mis ojos y todo el motor del Volkswagen estaba sobre mí, atrapado también por la carrocería del bus que se unía a la de mi carro, estaba aprisionado desde mis piernas hasta el torso por todas esas latas retorcidas debajo del bus y mi carro. Tomé aliento y escupí sangre; como todo el golpe fue por mi lado, mi hermano, que afortunadamente no le pasó nada, pudo salir a pedir ayuda. Entre el dolor intenso, asombro e impotencia de lo que había pasado intempestivamente solo alcanzaba a gritar con las fuerzas que tenía: "¡soy hemofílico, ayúdenme!". Eran aproximadamente las 12:20 pm, la vía a esa hora estaba casi desocupada, ¿quién iba a venir rápido a ayudarnos? Ocurrió algo que casi nunca pasa en Colombia con las ambulancias. En menos de 5 minutos, casi de inmediato, apareció una ambulancia totalmente medicalizada y un carro asistente con las pinzas hidráulicas (que no siempre las tienen) para poder romper el metal de donde yo estaba atrapado. En cuestión de segundos empecé a oír un ruido, yo continuaba llorando y gritando. Empezaron a cortar los metales del carro y del motor para liberarme de esa prisión de latas en la cual iba a morir sin duda alguna desangrado, por mi condición de hemofílico si no me sacaban rápido.

Por fin me liberaron. Al levantar el motor, mi pierna derecha dio tres vueltas, el dolor se agudizo de la manera más impresionante. Se me astillo en 6 partes todo el fémur, pero por gracia de Dios, no me tocó la arteria femoral. Mi brazo derecho, desde la muñeca se fracturó también, además tenía una herida abierta en el rostro, que iba desde la nariz hasta la parte baja del cuello, la cual no dejaba de presentar un sangrado excesivo. Me subieron inmediatamente a la ambulancia rumbo a la clínica Partenón, a la cual llegué aún consciente hasta entrar a la Uci, donde perdí el conocimiento, prácticamente sin signos vitales. Lo último que sentí fue que se me iba la vida y ya no supe más. En ese lapso de tiempo, mi hermano Carlos Andrés llamó a Paola a su casa a avisarle diciéndole: "hola Paola, nos estrellamos con Juan Manuel, por favor llama a mis padres y diles que estamos en la clínica Partenón".

Paola preguntó: "¿qué le pasó a Juan Manuel?"

Él le respondió: "tiene un pie tronchado."

Paola lo primero que hizo fue llamar a nuestro amigo José Ricardo, desconociendo dónde quedaba la clínica. Él respondió: "ya te recojo y vamos para allá". Eran las 2 de la mañana. Luego llamó y le avisó a mis padres, quienes también salieron hacia la clínica. Yo estaba desangrándome y muriéndome en urgencias, pero nuevamente Dios ya tenía todo planeado desde antes, para que no falleciera. Con los médicos impotentes sin saber qué más hacer para salvarme la vida, resultó que en ese momento se dieron cuenta que hacía tres días atrás, en esa misma clínica había muerto un hemofílico y de este paciente no identificado, había quedado sobrante una única dosis del Factor VIII en la nevera de urgencias. El medicamento para hemofílicos se consigue únicamente a través de un proceso largo de autorización con las Eps y tiene un altísimo precio, además no se encuentra en ninguna farmacia o clínica que no sea especializada. Me aplicaron esa única dosis guardada y así empezó a detenerse la hemorragia y por eso no morí.

¡Gracias Dios, nuevamente una intervención divina y milagrosa de tus manos!

Había una lucha a muerte por mi vida y el propósito de Él en nosotros. El mismo Satanás vino para matar literalmente, robar y destruir el propósito en nuestra vida, pero Jesús, El Rey de Reyes, vino para que tengamos vida en abundancia.

Así como la historia bíblica en la cual el mismo infierno le pide permiso a Dios para probar a Job, mi vida continuaba en pruebas y luchas a muerte, pero Dios mismo metió Su mano nuevamente y no permitió que mi vida se fuera. Él sí sabe bien lo que va a ocurrir con nosotros cada segundo de nuestra existencia mientras estemos de paso en este mundo. Nada se escapa de su conocimiento.

Al otro día en la tarde desperté, Paola entró y me vio, parecía un monstruo, tenía un hematoma de sangre muy grande en mi cara. Una vez estabilizado en la Partenón, me trasladaron a la clínica San Pedro Claver del Seguro Social. Ahí fueron casi 3 meses hospitalizado. Inicialmente, unos días en las habitaciones "vip" de los pasillos de urgencias, donde era una camilla o colchón en el piso, al lado de varios pacientes, y con el número de paciente pegado en una hoja mal hecha en la pared arriba de cada camilla donde se pudiera colocar.

Luego de casi 8 días en urgencias, y al ver que no se mostraba ninguna solución, se tuvo que entrar a presionar. Un médico, de manera arbitraria, le dijo a Paola que yo valía más muerto que vivo, porque mi historial clínico no daba para más. ¡Qué indignación!, mis padres y Paola hicieron una carta quejándose de dicho médico y toda la situación que se estaba viviendo, solicitaron urgentemente la intervención quirúrgica y sancionar al médico involucrado. Fue la única forma para que me operaran porque prácticamente me iban a dejar morir. Efectivamente me intervinieron y luego me subieron a un cuarto compartido para continuar con mi dolorosa y lenta recuperación; Allí fue donde Dios también le iba mostrando y enseñando a Paola a sentir.

Ese "aprender a sentir" que le había dicho esa noche en oración, iba ligado con ver el sufrimiento del otro y experimentar realidades tan complejas, que el único objetivo que tienen es sensibilizar nuestro corazón con el dolor ajeno. En ese pabellón de enfermos aislados y terminales que me correspondió, por mi contagio con el Sida, tenía de compañero de cuarto a un enfermo terminal del virus ya con meningitis, al cual nadie iba a visitar. Paola, acompañada a veces de José Ricardo, otros amigos o familia, veía esa necesidad, así que decidió ayudarle a él, alcanzándole cosas que necesitaba.

Huesos rotos que pegan relaciones

Pasé la navidad del 2002, enero y parte de febrero del 2003, en la clínica San Pedro Claver. Paola no me dejó un solo minuto y estuvo siempre a mi lado. Me recuperaron la muñeca que se fracturó, pero perdí un poco más de movilidad. Nuevamente me dieron muchos medicamentos para el dolor, como Tramadol para poder controlarlo.

En la pierna derecha, la que se fracturó en 6 partes; me tuvieron que introducir un clavo intrafemoral, desde la cadera hasta la rodilla para pegar los pedazos del hueso. Salí nuevamente caminando en muletas para terminar mi recuperación, que duró aproximadamente 6 meses más, durante los cuales Paola se asombraba por la cantidad de medicamentos que tenía que tomar para los dolores.

Tuve que pasar la recuperación, la mayoría del tiempo en Bogotá, en la casa de Paola y sus padres, porque el programa de médico domiciliario del seguro social, no llegaba hasta Cota, que es a las afueras de la ciudad. Ahí la familia de Paola abrió su casa completamente, con mucho amor para mi recuperación inicial, me cuidaron y sirvieron de manera especial. Adicional a mis padres, ellos fueron personas fundamentales en ese proceso.

Al cabo de 6 meses, pude volver a caminar sin muletas e inclusive ¡hasta sin bastón!, porque además se niveló el largo de mis 2 piernas con el clavo que me pusieron en el fémur derecho, por lo cual prácticamente se me corrigió mi forma de caminar cojeando, la que tenía desde hace tanto tiempo. ¡Con Dios todo es para Bien! Después de las fracturas, vino la unión y la recuperación.

Nuestro noviazgo continuó y toda esta experiencia nos sirvió, fortaleciendo en muchos aspectos nuestra relación. Además de ver cada día de cerca la realidad de muchas personas que sufren igual o más que uno, superar esta situación difícil del accidente, los dos, con la ayuda milagrosa del Señor, nos unió más y seguía acrecentándose y fortaleciéndose la fe.

Batallas en la mente

Hubo momentos en los cuales me llegaban pensamientos de duda acerca de nuestra naciente relación; que estaba haciendo las cosas mal, que iba en contra de la "autoridad impuesta por Dios en la iglesia" y de toda lógica. Tenía un sentimiento de culpa porque no había hecho lo que era costumbre: pedirle permiso al pastor principal y no le había contado lo de nuestro noviazgo, olvidando así, lo realmente importante, aquello que es lo realmente trascendental por encima de la opinión y conceptos de las personas; las promesas que Dios me había dado en su palabra, esto es lo que debe sostener las determinaciones de la vida.

Todo esto ocurrió, porque la verdad en ese entonces tenía una imagen mal sana y distorsionada de todo lo que fuera autoridad, en este caso de un pastor o líder espiritual, el cual está a cargo de la iglesia, pero que es un ser humano totalmente igual a mí. Erróneamente yo lo veía con un "manto" de autoridad irrefutable o incuestionable e infalible, era un pensamiento mal entendido de que no se podía nunca cuestionar sus opiniones o palabras. Qué pensamiento tan equivocado, cuántas personas en la actualidad viven en ese concepto que no aprueba Dios de ninguna manera. Veía cierta intimidación sutil en todo esto hacia mí. Todos somos iguales ante Dios y nadie puede pretender ser el Espíritu Santo de nadie, por supuesto que no niego que los consejos y palabras sirven, pero existe una distancia enorme al pretender que lo que yo diga, otra persona tiene que hacerlo porque tengo un cargo en una congregación.

Unos meses después, viviendo cosas muy lindas en nuestro noviazgo, fuimos a un retiro espiritual en Santandercito con todos los jóvenes de la iglesia. Recuerdo que yo estaba al final de la reunión en el piano en uno de los tiempos de alabanza junto a los otros amigos músicos del grupo de jóvenes y la última canción, para terminar con oración, fue Cantaré de tu amor, de Danilo Montero.

Luego de entonar las últimas líneas: "mi Jesús y mi Rey, de tu gran amor cantaré, Señor," nos bajamos todos los músicos a sentarnos para oír el mensaje, cuando de pronto el pastor principal me hizo una seña y me llamó fuera del lugar de reunión, dirigiéndome al lado de una pequeña cafetería y me invitó a sentarme para hablar. Sin rondar tanto, el tema fue nuestro noviazgo con Paola. Dijo firmemente que yo tenía que terminar con ella, por el bien de todos. Según su pensamiento, le iba a hacer un mal, que con la enfermedad que yo tenía era imposible pensar en casarnos y pensar en un futuro; que pensara en ella, que la podía contagiar y hacerle un daño mortal. Qué triste oír hablar a alguien así, cuando ha predicado de fe. Se movieron todas mis entrañas y mis pensamientos. Hasta dónde una persona que mata tu fe te puede llevar, pues, con esas dudas, presión e intimidación que me fueron impuestas, acompañadas con un poco de inmadurez y falta de firmeza mía, terminé cediendo y hablé con Paola, contándole lo que estaba pasando, cómo me sentía y que por lo tanto era bueno terminar por un tiempo. Quedamos que nos daríamos un mes sin hablar para pensar, orar y después de ese lapso, tomar ya una decisión definitiva.

Por encima del concepto humano

Pasó el mes, al vernos y hablar nuevamente supimos que debíamos estar juntos, luego que cada uno por aparte reflexionara y sobre todo en oración Dios diera paz y confirmara que ese sueño, deseo y decisión de estar juntos lo había puesto Él y nadie más. Fui directamente a hablar con el pastor y le conté nuestra determinación definitiva de volver, seguir y planificar nuestro matrimonio. Nuevamente, con un poco de esa presión espiritual disimulada, me dijo:

- "Tú tienes que pararte frente a toda la iglesia y decir que tienes Sida," como prueba del amor hacia Paola. Según él, insistiendo en que, "si en verdad la amaba lo tenía que hacer." No sé qué adjetivo ponerle, pero muy traído de los cabellos todo esto. En mi inmadurez y falta de sabiduría de cómo manejar la situación, accedí nuevamente y tomé la decisión de hacerlo inmediatamente, lo antes posible, o sea el siguiente domingo. Allí estaba yo preparado, prestándome a ese momento tan desconcertante. Se leyó una pequeña carta y dije frente a toda la congregación que debido a una transfusión sanguínea en el año 1993, había sido contagiado con el virus del Sida y que este, se encontraba luchando en mi sangre. Luego una pequeña oración y fin del asunto. La reacción de las personas sentadas en las sillas de la iglesia fue muy diversa: asombro, lastima y dolor, hubo muchas lágrimas, algunos no entendían el por qué y para qué de esto. ¿Por qué se hizo? ¿Por qué lo pidió? A estas alturas de mi vida aún no lo sé, mi vida íntima fue totalmente expuesta en la palestra pública. Inicialmente fue muy desconcertante, ¿Cuál fue el objetivo de pedirme esto? Ya no busco razones, ni me quita la paz, solo tengo bendiciones y le doy gracias a Dios, pues todo continuaba siendo parte de un propósito. Ahora, para mí fue liberador, luego de ese momento, sentí como un descanso y un peso que se caía de encima, además fue hasta una manera de silenciar un secreto a voces de mi condición y lo que me pasaba. Esto también hizo afirmarnos más en sus promesas y aferrarnos a la decisión de nuestra relación. La fe y el amor seguían siendo probados para sacar lo mejor de nosotros. Todo de nuevo fue para nuestro bien, para cumplir sus planes y para que lo siguiéramos mirándolo solo a Él.

Hay que entender esta gran verdad: **El Señor es mí Pastor y nunca el pastor es mí señor.**

Contra todo pronóstico, viento y marea

A partir de ese momento, se partieron en dos las múltiples reacciones hacia nuestra relación. Hubo muchas personas con una actitud amorosa y especial que oraban, nos acompañaban en nuestro proceso y nos daban palabras de aliento, entendiendo que solo Dios sabía cómo iba a cumplir Su voluntad infalible con nosotros. Pero paralelamente, no faltaban las personas que se acercaban a Paola y la aconsejaban, supuestamente buscando su bien, desde su punto de vista diciéndole cosas como: "vas a echar a perder tu vida", "no te vas a poder desarrollar como mujer, ni como madre", "no vas a poder tener hijos, deja la ignorancia". "¿Cómo puede pasar por tu cabeza casarte con Juan Manuel?" Los más atrevidos le decían: "te va tocar vivir con un enfermo." Y otros: "yo sé que tienes fe, pero no siempre se reciben las promesas, a veces se muere sin ver la tierra prometida."

Se olvidaban que Dios tiene pensamientos mucho más altos, solo Él tiene la última palabra.

Paola solo oía y guardaba en su corazón todo lo que le decían, más aún cuando el Señor le había dado una promesa en el libro Joel, en la cual Él le hablaba de cómo iba a limpiar la sangre, o sea, hacer milagros. Días después ella me la compartió, esta fue otra palabra que se convirtió en palabra Rhema, en ancla de fe en Su Palabra, en la seguridad de lo que Dios iba a hacer con nosotros.

"Pero Judá será habitada para siempre, y Jerusalén por generación y generación.

*Y **limpiaré la sangre** de los que no había limpiado; y Jehová morará en Sion.*
Joel 3:21, RV 1960.

Ella oraba determinantemente que, si era la voluntad perfecta de Dios, se iba a casar conmigo por encima de las opiniones de cualquier ser humano; no estaba obstinada por hacerlo, solo buscaba hacer lo que Dios quería. A mí, por ejemplo, algunas personas me decían: "cómo es de atrevido y osado, pretender casarse con lo que tiene…" "Mira la manera en la cual puedes perjudicar a Paola." "¿Qué futuro le puedes ofrecer? Ninguno" De una manera u otra, me hacían ver que era muy absurdo e ilógico, pretender formar una familia normal. Y sí, tenían algo de razón, humanamente era algo totalmente ilógico.

Por encima de todo esto, seguimos unidos, dependiendo solo de Dios y Su Palabra, día tras día, dando cada paso de Su mano. Luego yo organicé la reunión de compromiso formal de matrimonio y la pedida de mano para un sábado en la tarde con nuestras familias en Cota. Allí, después de una comida especial y un brindis, frente a padres y hermanos, le propuse definitivamente matrimonio, la besé y le entregué el hermoso anillo de compromiso, tal cual como ella lo había soñado con sus piedras favoritas, una hermosa joya de oro con un diamante en el centro y dos zafiros en sus lados. Por fin pusimos fecha para nuestra boda.

Tiempo después, Paola me contaría que esa misma noche del compromiso, estando en su cuarto antes de dormir, se apareció una silueta diabólica, en forma de una sombra grande y negra; una persona montada en un caballo, con una lanza que afirmaba contra el piso y un gran ejército detrás, le dijo: "entramos en guerra". Paola respondió temerariamente: "si, entramos en guerra", sin tener muy claro en ese momento todo lo que esto significaría.

¡Qué preparativos!

Con toda la ilusión y como cualquier pareja de enamorados próximos a casarse, empezamos a buscar todo, a pensar en los detalles; teniendo ya apartado el lugar de la boda, la casa finca de mis padres en Cota, "Casablanca," y pensando además en cómo iba a ser el vestido de novia, invitados, comida, flores, en fin todo un mundo de detalles.

A 3 meses para la fecha del matrimonio, empezamos nuestro curso de preparación matrimonial con Ricardo Guerrero, mi gran amigo, consejero y Pastor. "Richie", además de excelente músico y con quien también he compartido varios de los momentos más trascendentales de mi vida, junto con su esposa Paty, fueron vitales para Paola y para mí, en este proceso final, y no solo en ese momento, también en nuestra vida matrimonial han sido usados por Dios de una manera muy profunda.

Días más adelante, estando más o menos a la mitad del curso prematrimonial, faltando aproximadamente dos meses para casarnos, nuevamente el pastor principal nos citó a los dos en la iglesia para hablar. Fue un viernes en la noche, en un pequeño saloncito que usaban para algunos tiempos de oración. No teníamos muy claro qué nos iba a decir, pero algo suponíamos, que iba a ser más de lo mismo. Los dos con expectativa y yo con nerviosismo, entramos al lugar, nos sentamos a un lado, él se sentó en una silla y se recostó hacia atrás, poniendo sus brazos doblados por encima de la cabeza y sus dos manos con los dedos entrelazados posicionados en la parte posterior de su cuello, justamente allí empezó a hablar.

Para resumir el momento tan extraño, su discurso se concentró básicamente en decirle a Paola que yo, Juan Manuel era un engañador como Jacob, que mi diversión era estar jugando con el corazón y "engañando a las doncellas, princesas del Señor", que era mejor que no estuviera conmigo, que no estaba de acuerdo, ni aprobaba nuestro matrimonio. Finalizó con el siguiente comentario: "Juan Manuel, es como los leprosos en la Biblia, que no tenían acceso al templo, (a la vida normal de iglesia) hasta que estuvieran sanos y limpios". Yo estaba aturdido, paralizado y lloraba angustiosamente, porque no sabía qué hacer, no podía creer lo que estaba pasando ahí. Gracias a Dios, Paola tuvo la fortaleza y firmeza para contestarle: "O sea, ¿me está diciendo que Jesús vino a salvar y sanar a todos, menos a Juan Manuel?". Él estaba con una actitud de mal genio e indignación lo cual se notaba en su voz, contemplaba mi reacción de impotencia, derrota y no saber cómo responder ante todo esto. El pastor insistió en sus primeros puntos y fue muy diplomático al comentario de Paola que estaba muy molesta. Yo trataba de calmarme progresivamente, pero se me iba subiendo la sangre a la cabeza por la rabia debido a todo lo dicho.

Finalizando la tan "amena" cita, dijo que, si decidíamos seguir, yo le redactara una carta firmada, librándolo de toda responsabilidad por lo que pudiera pasar a futuro. Ahora, que, si llegábamos a casarnos por lo civil, él nos casaría por la iglesia, ofrecimiento al cual recibió un contundente: "No, muchas gracias". Salimos de ahí muy molestos y confrontados, pero permanecimos juntos y seguimos en nuestro curso prematrimonial, igualmente en los preparativos faltantes de la boda. Todo esto lo que logró fue afirmarnos aún más en esta nuestra decisión de Fe y Amor, tomados de la mano del Señor.

Hoy, después de muchos años de dicho episodio y luego de entender la Mano del Señor y Su propósito en medio de lo absurdo, únicamente nos embarga la gratitud y el bendecir a todas las personas que Él seguía usando de mil maneras para empujarnos a sus planes y a la bendición.

Pasaron unos días y nos casamos por lo civil, una semana antes de la ceremonia cristiana, el 11 de marzo. Solo faltaba esperar la bendición del Señor frente a nuestras familias y amigos.

Un día como pocos

Días antes de nuestro matrimonio civil, habíamos tenido un tiempo muy acelerado, afinando los últimos detalles como la comida, las flores, el carro, la música (un cuarteto de cuerdas junto con amigos del grupo de alabanza de la iglesia), la decoración, en fin, miles de detalles que hicieron de ese día esa fecha que jamás olvidaremos.

Y llegó el día soñado, 19 de marzo de 2005, una mañana espectacularmente soleada; literalmente, revoloteaban muchas mariposas alrededor de "Casablanca" en Cota y sobre nosotros. Estaba muy bien decorada la finca, con flores al estilo revista, el tapete rojo y la calle de honor preparada para la entrada de Paola. Yo, esperándola de pie al fondo del sitio, con mis rodillas temblando por la expectativa. Finalmente llegó, se bajó del carro y empezó a desfilar por ese largo pasillo al aire libre entre flores, la familia y amigos más especiales. El corazón se quería salir de mi pecho, al verla tan radiante con su vestido blanco, era tener frente a mí a la mujer más hermosa del mundo y el mayor regalo que nunca me imaginé que algún día recibiría. La ceremonia fue elegante y sentida. El mensaje lo compartió el Pastor Ricardo Guerrero, nuestro amigo y consejero, con unas palabras muy sentidas.

Al llegar el momento de los votos, sonaba de fondo "por ti volaré" de Andrea Boccelli, tocada por el cuarteto de cuerdas. Luego pasamos a decir unas palabras cada uno, frente a nuestras familias y los invitados. Paola se dirigió primero, dijo unas cuantas frases muy emotivas; luego tomé el micrófono y empecé a hablar sin poder evitar llorar de alegría, en medio de esas palabras de agradecimiento a Dios, de regocijo y de ver la inmensa fidelidad del Señor, haciendo ese sueño imposible una realidad y teniendo de testigos alrededor de 100 invitados, me quebranté y salieron varias lágrimas de felicidad profunda al estar viviendo ese momento. Muchos de los invitados lloraron por esos minutos tan especiales. En verdad, no hay nada más trasparente y humano que poder expresar los sentimientos y hacerlo sintiendo en lo profundo de tu ser el amor infinito del Señor por lo que hace cada día en tu vida. Después di unos pasos al costado, donde estaba el piano, Paola volteó a mirarme y empecé a cantarle con mi voz entrecortada y el corazón a estallar, la canción que le compuse para expresarle todo lo que quería expresar:

Cuando ya no lo esperaba, cuando no me imaginaba
Llegó a mi vida una ilusión, para darme nueva inspiración
Has estado siempre a mi lado, en lo bueno y en lo malo,
Eres el regalo más hermoso que me han dado,
Eres el amor que hoy mi vida ha transformado,
Tienes fe, tienes amor, tienes fuerza, Tienes al Señor
Yo te amaré y te cuidaré, te llevaré y te abrazaré,
Con el Señor de nuestro lado, con el amor que él nos ha dado
Con su gracia y por fe, Juntos caminamos.
Sabes que te amo.

Finalmente, nos casó el Pastor Hugo Echeverri, él se dirigió a los asistentes y dijo: "Para mí es una verdadera bendición y alegría presentarles a la familia Montañez–Cuellar, puedes besar a la novia."Así fue, ¡gracias Señor! Estaba viviendo y recibiendo lo que dice la Palabra, había alcanzado su benevolencia y bendición, había encontrado el mayor tesoro, estaba recibiendo más muestras de Su Favor, más allá de lo que yo había pedido, estaba frente a mí la respuesta de Dios y el amor a mi vida. Mi esposa ya era Paola Cuellar.

Soy totalmente convencido que:

"El que halla esposa halla el bien,
Y alcanza la benevolencia de Jehová."
Proverbios 18:22 RV60

Aplausos, alegría y una felicidad incomparable se expresaban, al ver el cumplimiento de la Palabra de Dios en nosotros. Ese día Él ya lo tenía planeado desde la eternidad, por encima de cualquier pronóstico, Su Mano y Fidelidad prevalecían y nos guió a ese momento, nuevamente viendo que la decisión de amar y la fe en Él, hace que lo imposible dé curso a lo posible. Es así como se realiza el cumplimiento de Sus promesas:

*"Los que siembran con lágrimas,
cosecharán con gritos de alegría.
⁶Aunque lloren mientras llevan el saco de semilla,
volverán cantando de alegría,
con manojos de trigo entre los brazos"*

Salmo 126:5-6 DHH

Todo sucedió porque Dios lo quería de esa manera, porque Él nos dijo, era Su plan, Él fue Quien puso ese amor, más que sentimientos, la decisión de estar y unirnos bajo Su Voluntad, por encima de todo lo que había pasado y de lo que habría de venir.

Nuestro matrimonio primero fue, ha sido y será un pacto con el Dios del Universo, quien es el tercer doblez de esta cuerda de tres hilos de amor que no se ha roto por Su Misericordia y por la convicción del amor entre nosotros, el deseo y decisión de estar juntos pase lo que pase, venga lo que venga; es ese amor que todo lo da, lo espera, lo soporta y vive para crecer y formar una existencia al lado del ser amado, con Jesús en el centro que es Quien ha peleado, pelea y peleará nuestras batallas y nos ha dado la victoria.

Porque ¡Él lo prometió y lo hizo!

*»SEÑOR Todopoderoso, Dios de Israel, <u>tú le has revelado a tu siervo</u> **el propósito de establecerle una dinastía**, <u>y por eso tu siervo se ha atrevido a hacerte esta súplica</u>. ²⁸ SEÑOR mi Dios, tú que le has prometido tanta bondad a tu siervo, ¡tú eres Dios, <u>y tus promesas son fieles!</u> ²⁹ Dígnate entonces bendecir a la familia de tu siervo, de modo que bajo tu protección exista para siempre, **pues tú mismo, SEÑOR omnipotente, lo has prometido**. Si tú bendices a la dinastía de tu siervo, quedará bendita para siempre».*

2 Samuel 7:27-29

CAPÍTULO 8

Si puedes creer, de cierto verás

¡Una nueva vida juntos!

La noche de bodas fue en el hotel Windsord House en Bogotá y ocho días después fuimos a San Andrés. Regresamos una semana después a vivir en un lindo apartamento al norte de la ciudad. Teníamos como vecinos a Luisfer y Mencha, nuestros amigos que se habían casado el día del accidente en el carro. Paola regresó a trabajar al jardín infantil en el cual laboraba, -ella es licenciada en Educación Preescolar e ingeniera Industrial-, mi esposa una mujer muy inteligente, ahora estaba dedicada a su verdadera pasión: los niños y la educación. Yo, por mi parte, regresé a la producción de audio y música publicitaria en el estudio en el que trabajaba. Con toda la ilusión del caso, felices, organizando nuestro apartamento, por lo cual nuestros amigos nos hicieron varios showers, comenzamos a conocernos de verdad en lo cotidiano. Empezábamos nuestra vida de casados.

De la puerta oscura a la depresión

Pasados tres meses de casados, todo transcurría aparentemente muy normal. Tomamos la decisión de que Paola fuera a unas vacaciones de una semana sin mi compañía a Cali donde su hermano

Rodrigo que estaba radicado en esa ciudad. Yo me quedé en Bogotá trabajando.

Al segundo día del viaje, un domingo en la noche, estando solo en nuestro apartamento, sentado en el estudio frente al computador, inesperadamente, antes de irme a dormir, se empezó a librar una tremenda batalla en mi cabeza, que se iba levantando sorpresivamente como unas columnas que emergían de lo más profundo y de lo más oscuro hacia mis pensamientos. No obstante, todo lo milagroso que Dios había hecho al permitir casarnos y el regalo de la vida de Paola en mi vida, comenzaron a retumbar y a gritar pensamientos destructivos en mi mente. Oía voces e interrogantes como: "¿qué vas a hacer ahora?, "no vas a poder vivir una vida normal". Pasaban los minutos y una angustia creciente me llenaba hasta los huesos sin parar. Esos pensamientos llegaron a colmar mi mente y empecé a sentir un temor tan paralizante, que me veía allí sentado pensando absurdamente: "no sé cómo afrontar mi vida de casado, no puedo, no puedo."

Pensando tristemente en lo cruel de mi enfermedad terminal y en la hemofilia, en lo imposible de seguir adelante como un hombre "normal"; poco a poco seguía dándole cabida a esa desesperación, depresión y cobardía, arraigándome además en un pensamiento egoísta y egocéntrico que tiempo atrás tuve, por creerme el centro del universo, y que todo me lo merecía, disfrazado en el "pobrecito yo", (no hay nada más destructivo que esto). Cedía y cedía a la muerte nuevamente, y me olvidaba de la vida y de todas las promesas y proezas que Dios había hecho. En cuestión de minutos, encerrado y ensimismado, no pensé en nada más sino solo en mí, en esas cadenas y luchas internas. La ansiedad y la depresión aumentaban cada segundo. Eran influencias infernales que me halaban y que dominaron mi mente en solo segundos. Sumándole a esto, yo había abierto puertas con la pornografía tiempo atrás, práctica secreta y pecado tremendamente destructiva para la mente, el carácter y con consecuencias muy complejas. Por la gracia de Dios está muerta esta práctica a la cual renuncié, me arrepentí y fui liberado para siempre. Esos pensamientos de muerte en mí, volvieron esa noche a colmar mi existencia y me gritaban, como si fuera una persona dentro de mi cabeza con todas sus fuerzas y a plena voz: "Es mejor que te mueras". Lo que rondaba mi cabeza, mi alma y mi cuerpo, se dio por las puertas abiertas que permití y mi débil voluntad de dejar que siguieran, olvidándome incluso de las Palabras de Dios y no parándome firme a batallar por mí vida, la de mi esposa y mi matrimonio. El espíritu de muerte presente, hizo volver a explotar en mí el deseo de morirme. Resonaba: "Muérete, muérete, quítate la vida ya, no hay nada qué hacer".

Una guerra a muerte

"Pues no luchamos¹ contra enemigos de carne y hueso, sino contra gobernadores malignos y autoridades del mundo invisible, contra fuerzas poderosas de este mundo tenebroso y contra espíritus malignos de los lugares celestiales".

Efesios 6:11-13 NTV

Pasaron unos segundos y solicité a la droguería dos cajas de Tramadol en capsulas, (este es un medicamento de origen opiáceo, muy fuerte para controlar cierto tipo de dolores y que en grandes dosis hace efecto de dopar). Y ahí sentado, esa noche oscura en todo sentido, sin pensar nada más que en escapar, huir y morirme, me tomé 2 cajas de ese medicamento tan fuerte. Por supuesto que tuve una sobredosis. Sin darme cuenta de nada, perdí instantáneamente el conocimiento y caí sentado al piso desde la altura de la silla en la que estaba. Un golpe seco sobre la parte baja de la columna y quedé allí tendido inconsciente por varias horas.

Cuando desperté, estaba sobre el tapete, inmóvil, con un dolor espeluznante que, al solo intentar girar mi cadera, me hacía gritar de agonía. Eran aproximadamente las dos de la madrugada, sabía que así gritara con todas mis fuerzas, nadie me podía oír. En medio del dolor y estupor, mi cabeza daba vueltas, sin poder hacer nada, solo soportar hasta que amaneciera, inclusive teniendo que hacer mis necesidades fisiológicas ahí en el piso inmóvil y ver si alguien me oía y venía en mi auxilio, estaba prácticamente paralizado de la cintura para abajo y con unas punzadas dolorosísimas que atravesaban mi cuerpo al más mínimo intento de querer arrastrarme por el piso y buscar ayuda.

En la mañana de ese lunes, después de esa interminable noche, yo debía llegar a primera hora a mi trabajo, pero obviamente no cumplí. Paola me empezó a llamar desde temprano. El teléfono del apartamento sonaba repetidamente pero tampoco podía contestar. Ella, en su preocupación, llamó a mi trabajo, donde le dijeron que no había llegado. Entonces llamó a nuestro vecino Luisfer para preguntarle si sabía algo de mí. Él, afanado sin saber tampoco qué estaba pasando, se acercó a nuestra puerta y empezó a timbrar y golpear, yo al oír que alguien estaba afuera, desde el piso del estudio grité con todas mis fuerzas:

- "¡Ayúdenme, ayúdenme!"

Finalmente me escucharon.

Tuvieron que derribar la puerta para sacarme. Entraron y me bajaron con ayuda de los paramédicos a una ambulancia y posteriormente me llevaron inmovilizado a la clínica San Pedro Claver a urgencias nuevamente. Inmediatamente le contaron a Paola en Cali que yo estaba rumbo a urgencias e inmóvil de la cintura para abajo. Nadie sabía en ese momento, que yo había intentado quitarme la vida, sino días después. Paola fue quien primero se enteró. Ella tuvo que interrumpir sus vacaciones y lo antes posible tomó un avión de regreso a Bogotá, totalmente consternada sin saber y entender qué había pasado. Llegó ese mismo lunes en la tarde y tuvo que pasar la noche en esa sala de urgencias, tratando de descansar en un colchón tendido en el piso, a mi lado, rodeada de muchos otros pacientes en estado crítico. Fue muy duro e injusto para ella. Yo no era capaz de afrontar la situación, no le dije lo que había pasado con claridad, estaba en ese momento invadido por el dolor, la depresión y el desconcierto de no sentir mis piernas sin pensar un segundo en ella, ni en nada más.

El dolor de la decepción

Amaneció y se fue a nuestro apartamento a descansar y cambiarse de ropa. Allí descubrió realmente lo que había pasado. En el baño de nuestro cuarto Paola se puso a llorar y orando le decía a Dios: "¿por qué esto si Tú eres fiel y te pedí que no volviéramos a una clínica?"

Mientras oraba, empezó con el pie a accionar repetidamente el mecanismo que abre y cierra la tapa de la caneca y ahí las vio, se encontraban las dos cajas de Tramadol desocupadas. Obviamente su reacción fue de dolor, desilusión y con toda la razón.

"¿Por qué se quería suicidar si está conmigo y casado?"

Al llegar a la clínica, con el dolor y frustración en su mirada, se acercó y me pregunto:

- "¿Por qué lo hiciste?"

En primera instancia, yo estaba solo concentrado en mi dolor y el no sentir mis extremidades inferiores, excusándome nuevamente en el "pobrecito". Negué que me intenté suicidar. Fueron unos momentos muy duros sobre todo para Paola y nuestra relación, uno de tantos. Apenas estaba comenzando nuestro matrimonio, pero ya se veían visos de lo que tiempo más adelante entenderíamos con más claridad: esta era una de esas batallas anunciadas el día que Paola había oído: "entramos en guerra". Una de las cientos de luchas que tendríamos que pasar, las cosas que Dios utilizaría para pulir, limpiar y quitar tantas cosas de nuestro corazón y llevarnos poco a poco al propósito de Su Voluntad.

Sí, existían muchas cosas que yo no había expresado, gritado, llorado y explotado, o que tal vez no había sido pastoreado específicamente en ciertos puntos. Me encontraba esperando que un tercero viniera en mi ayuda, inclusive, una ayuda profesional o psicológica. Allí se encontraban latentes las cosas que no había sanado, todo lo absurdo de llevar mi muerte inminente sobre mis hombros, mi mente, corazón y en la sangre. Ahora, la decisión hasta el último segundo de tomarme eso e intentar suicidarme fue mía, ninguna excusa vale. No hay justificaciones posibles a este comportamiento autodestructivo. La decisión de querer huir, de dejar que la ansiedad y la depresión actuaran, ya que empiezan en el campo de batalla de la mente y de no volver la mirada al Dios, fue mía.

Con lágrimas un tiempo después, mi corazón fue confrontado y le pedí perdón a Dios y a Paola porque siempre, la decisión de hacer o no hacer en nuestra vida está en nuestras manos, tanto lo bueno como lo malo. ¿Qué camino vamos a tomar? ¿Cómo ejerces tu voluntad? Debes tener mucho cuidado en cómo usas uno de los mayores regalos que Dios nos dio como seres humanos, el libre albedrío. Ese es el libre derecho de decidir en cada una de las determinaciones de nuestras vidas; la vida es de decisiones y cualquiera que tomes, no olvides que no te escaparás de las consecuencias que por misericordia, si rendimos nuestra voluntad a los pies de Cristo, Él usará todo para nuestro bien. No hay excusa. Pedir perdón, arrepentimiento doloroso, reconocer, afrontar y disponer el corazón a la gracia transformadora de Cristo, fue lo único que me rescató de esta nueva lucha. No fue nada fácil, pero lo pudimos superar de la mano del Señor.

Clamando desde la incapacidad

Estando en la clínica, ya estabilizado, continuaba hospitalizado en el pabellón de quemados de la San Pedro. El resumen de lo que me ocurrió fue que, al caerme de la silla por la pérdida de conciencia debido a la sobredosis, se fracturaron las ultimas 4 vertebras de la parte baja de la espalda, a un milímetro de la médula, causando además una hemorragia que presionaba los huesos y los nervios, pero que por misericordia de Dios, no me tocó la parte central medular de la columna, pues de haber sido así, hubiera quedado parapléjico en ese mismo momento.

Fueron nuevamente dos meses en la clínica, donde el pronóstico de volver a sentir y mover mis extremidades inferiores era reservado, la hemorragia seguía presionando la columna y todos los nervios. Ahí, acostado en la cama del hospital oraba pidiéndole perdón al Señor y con fe clamaba por su misericordia, que pusiera su mano sanadora sobre mí. Me empezaron a hacer muchas terapias y de esta manera comencé a dar pasos y caminar aun sin sentir mis piernas. Luego progresivamente se fueron "despertando" mis extremidades inferiores y al sentirlas iba regresando un leve cosquilleo desde la cintura hacia mis talones.

Salí de ahí usando un corsé que cubría toda la espalda para estabilizarla. Solo por la Misericordia y Amor del Señor, que no merezco, no solo preservó mi vida en ese intento de suicidio, sino que me libró de quedar sin poder volver a caminar, o tal vez con secuelas más graves de por vida. Se hacía nuevamente real la Palabra de Dios y Su Soberanía.

"A ti, SEÑOR, elevo mi clamor
desde las profundidades del abismo.
² Escucha, Señor, mi voz.
Estén atentos tus oídos a mi voz suplicante.

³ Si tú, SEÑOR, tomaras en cuenta los pecados,
¿quién, Señor, sería declarado inocente?[a]
⁴ Pero en ti se halla perdón,
y por eso debes ser temido."

Salmo 130:1-3 NVI

Por encima de mí mismo, mis trasgresiones y equivocaciones, porque no lo merecía, pero a Él le plació hacerlo de nuevo y guardar mi vida; por Su Gracia que sobreabundó, salí de ahí a continuar nuestra vida de casados con Paola. Volví a trabajar a los tres meses y recuperé el cien por ciento de movilidad y sensibilidad en todo el cuerpo.

No hay quién lo limite. Dios es imparable

Seguía avanzando el primer año de casados, 2005, y como cualquier pareja, teníamos nuestros momentos de intimidad. La percepción era que nosotros éramos unos expertos en asuntos de fe, unos guerreros y valientes al dar el paso de casarnos con todo en contra nuestra, pero Dios a nuestro favor.

Yo le decía a Paola:

- "Mi amor, es mucho lo que hemos logrado y muy grande el Amor de Dios hacia nosotros que nos pudimos casar, pero creo que es mejor que nos cuidemos." Prácticamente, la decisión responsable fue: no vamos a tener hijos. Aunque en realidad ese era nuestro sueño y deseo hasta las fibras más internas del corazón. Quise y pretendí, como sé que a muchos de los que están leyendo les ha ocurrido, que han querido o pretendido, inconscientemente; "ayudarle" a Dios. ¡Qué ignorancia, como si uno pudiera! Peor aún, creí que yo sabía y podía controlar las cosas mejor que Él. "Echarle una manito", porque siendo totalmente sincero, en lo muy profundo de mi ser, todavía existían algunas dudas e inquietudes, y me atemorizaba el solo hecho de pensar en contagiar a Paola, o que quedara embarazada y tener hijos con VIH. Qué puedo decir, soy un ser humano con las mismas luchas que todos tenemos. Tenía mucha fe, pero a veces dudé, no obstante tenía la promesa de Dios de tener descendencia, de hijas. En momentos mi atención se concentraba en lo físico y tangible, en las circunstancias y diagnósticos médicos que mes a mes en los controles me lo recordaban, repitiendo el diagnóstico en los papeles de historia clínica y medicamentos a tomar. Veía a mí alrededor, a los pacientes del programa especial (VIH), que se les iban acabando sus vidas y muriendo. Me olvidaba por momentos de permanecer en los ojos en Jesús y Su Palabra dicha a nuestras vidas. Pero en lo profundo de mi corazón sabía que lo único que nos sostenía era seguir creyendo en el poder de Dios.

Entonces, tomé la decisión de usar preservativo en todas nuestras relaciones sexuales. No obstante, esto no anulaba el sueño y petición que teníamos de tener hijas. De esta manera, quería tener todo bajo control y hacer las cosas mejor que el Señor. Mi esposa Paola, la "Poti," como amorosamente a veces le digo, porque era la manera cariñosa que su familia toda su vida le decían desde pequeña, seguía mostrando y revelando esa gran mujer de fe inquebrantable que es. Ella oraba en silencio por nuestras relaciones sexuales, para que Dios nos bendijera y por el fruto de su vientre, que Dios limpiara toda nuestra sangre, (como ya nos lo había prometido).

A mediados del mes de noviembre de ese 2005, un viernes, Paola me comentó que tenía un retraso en su periodo. No le presté mucha atención, pensando que era normal que eso pasara, pero días más adelante, no volvía su ciclo menstrual a la normalidad. Con algo de nerviosismo, felicidad y emoción temblorosa, sabíamos que debíamos hacer una prueba de embarazo, por lo menos de las sencillas que se adquieren en una droguería. Entonces la conseguimos y llegamos al apartamento con esa expectativa. Paola entró al baño y yo me senté a esperar al borde de nuestra cama, con las rodillas temblando por tantas emociones encontradas. Salió del baño con una mirada invadida de felicidad y esbozando una gran sonrisa me dijo:

- "¡Sí!"

Nos abrazamos, lloramos de la felicidad y gratitud, los sentimientos no se alcanzan a describir muchas veces con palabras. Ahora nos encontrábamos sentados dando gracias, viendo nuestra incapacidad e impotencia de saber a futuro qué iba a suceder. Oramos y pusimos en las Manos de Dios este embarazo y esta criatura que ya venía en camino. Agradecimos de corazón al Señor, por Su Fidelidad y colocamos en Sus Manos nuestra bebé, para que Él hiciera Su Perfecta Voluntad con este embarazo. Dios es tremendo, silenció mi boca, pues en todos mis intentos por limitarlo o barreras que le pudiera colocar, Él me ganó. Como siempre lo hace.

Las dudas de la felicidad

Después de esa gran noticia les contamos a nuestros padres y, luego, poco a poco a los amigos cercanos que se iban enterando. Como es normal, no faltaban las dudas y preguntas como: "¿qué va a pasar? ¿Estará contagiada Paola? Existían algunas personas un poco más imprudentes, "¿es que no se cuidaron? ¿Por qué?" Rondaba el pensamiento de si estaría contagiada Paola o si iba a nacer contagiado el bebé. De las vías de trasmisión del contagio con el VIH Sida son las relaciones sexuales y el contagio de madre a hija en el vientre antes de nacer. Fue un embarazo normal. Paola cada vez más radiante. Pero a mí fue a quien le dieron los mareos y náuseas, los podía distinguir porque eran muy diferentes a lo causado por los medicamentos retrovirales que continuaba tomando diariamente. Contrario a lo que muchos sugerían, Paola no tomó absolutamente nada adicional para sus defensas, solo lo netamente normal de tener una buena alimentación y vitaminas durante el periodo de gestación. Eso sí, los antojos le llegaron en forma radical. Le empezaron a gustar mucho las fresas, las espinacas, y se convirtió en una carnívora empedernida, acompañaba sus grandes porciones con ensalada, limón y sal. Donde fuera y a la hora que ella deseara había que conseguirlo. Se programó el parto en la Fundación Santa Fe de Bogotá, con el ginecólogo que estuvo los nueve meses con nosotros. El doctor también permaneció asombrado por todo el proceso, con toda la historia clínica y riesgos, no lo podía creer, ahora estábamos llegando al punto de recibir una nueva vida.

Milagros y regalos celestiales

Con cachetes rojos, ojos hermosos y envuelta en pañales

Llegó el día 1 de agosto de 2006. Desde temprano estuvimos en la clínica esperando, los minutos pasaban, no se realizó trabajo de parto y finalmente se recurrió a la cesárea. Paola entró a la sala de cirugía, fue muy rápida la intervención, pero ahí estaba, nació mi bebé, primero se la mostraron a la mamá y luego la ubicaron en un lugar, al lado de ella. Yo podía verla a través de una ventana y me la trajeron a mis brazos: era divina, sus mejillas hermosas, rozagante. Sé que todos los padres ven a sus recién nacidos lindos, pero ella era especialmente hermosa. Al verla se me escurrieron las lágrimas de la felicidad tan indescriptible, me había convertido en papá. No lo creía, estaba frente a esa pequeña camita, yo con bata y tapabocas, fui quien le puso su primera pijama, era pequeña, como de juguete; casi no puedo vestirla por lo inexperto y el temor de llegar a lastimar a ese angelito; se veía tan frágil, pero tan perfecta y llena de vida, e inmediatamente comenzó a abrir sus hermosos e inmensos ojos claros y me miró. Estaba ya entre mis brazos y con Paola sonriendo acostada aún en la camilla de la sala de cirugía, viendo a través de un vidrio. Nació nuestra primogénita preciosa, María Paula.

Como es de rutina y más aún por la incertidumbre y para despejar sobre todo las dudas que a mí y al cuerpo médico le surgían, porque Paola estaba completamente confiada en Dios, y por el hecho de yo ser padre hemofílico y con VIH-Sida, les hicieron tanto a María Paula como a Paola todos los exámenes de sangre pertinentes, incluida la prueba de Elisa (contagio con VIH). Después de todo este protocolo, nos reportaron el resultado. De manera milagrosa y sobrenatural como lo hace solo Dios, sana la madre y sana nuestra hija. No existía ni un pequeño rastro de baja de defensas por ningún lado, tampoco de contagio.

Resultado de la prueba de Elisa Paola: Negativo

Resultado de la prueba de Elisa María Paula: Negativo

¡Gloria a Dios!, Gracias a Él, ¿quién hace eso? Solo nuestro Dios Todopoderoso, que envió a Su hijo Jesucristo para darnos vida eterna y SANIDAD. Nuevamente se unían la Soberanía y la Sobrenaturalidad de nuestro Señor en ese instante. Mi esposa e hija estaban cien por ciento sanas, Dios había hecho ese milagro de fe y amor.

Estuvimos dos días en el hospital e inmediatamente partimos para nuestro apartamento, ya éramos tres. Una nueva vida llegaba y había comenzado otra etapa de nuestra familia. Después de las respectivas semanas de lactancia, 40 días, y esperando que estuviera más grande nuestra hija, la empezamos a sacar con nosotros, era un hermoso milagro en forma de bebé envuelta en pañales. María Paula, además de lo linda y sana, vino con una sirena incluida, una caja de resonancia y una capacidad para llorar a gritos que no había visto ni oído nunca. Nuestra hermosa hija, de tez blanca y ojos claros lloraba incansablemente pero era música a nuestros oídos. Crecía muy normal y sana, pero a los cuatro meses estando en sus controles de pediatría, el doctor nos dijo que debíamos suspenderle la leche materna, pues ya no se usaba y menos a esa edad, ya que la leche del seno era como el postre, debido a esto era hora de empezar a darle otras clase de alimentación como papaya y granadilla, entre otras.

En nuestra inexperiencia hicimos todo al pie de la letra como lo había dicho él. La niña obviamente, no quería ni podía comer este tipo de alimentos, continuaba anhelando, pidiendo y llorando a gritos por la leche de su mamá. No comprendimos lo que estaba sucediendo, hasta un par de meses después que nos dimos cuenta que no fue la mejor decisión. Por eso durante un periodo bajó un poco de peso y tuvo algo de desnutrición. Debido a esto cambiamos de pediatra y la guía en su alimentación cambió, así que volvió a tomar leche materna, reatrapó y se estabilizó nuevamente en los porcentajes de crecimiento, volvía a seguir creciendo totalmente sana y cada vez más hermosa.

Con los pelos de punta

Empezaba el año 2007, yo continuaba trabajando de nuevo todos los días. Cuando venían las hemorragias espontáneas o recaídas por alguna de mis patologías, me quedaba en casa incapacitado, dependía del factor VIII que tocaba ir a conseguirlo en el seguro y seguía tomando los medicamentos cada vez más fuertes para el Sida, que trataban de fortalecer mis defensas. Ya habiendo tenido un par de ajustes y un cambio de esquema del tratamiento, el coctel inicial ya no tenía la misma eficacia, debido a la mutación del virus y su resistencia; de la misma manera salían algunos medicamentos nuevos que debían ser más efectivos, pero seguían bajando las defensas en mi sistema inmunológico.

Una tarde de sábado en el apartamento, luego de compartir un tiempo con mis padres, quienes fueron a visitarnos a Paola, María Paula y a mí, yo estaba organizando el cuarto donde tenía mis equipos con los que hacía la música comercial para ciertos trabajos freelance que se me presentaban, estaba mi teclado de 88 teclas contrapesadas, monitores, interface de Protools, computador, en fin, lo necesario para producir. Mis padres se encontraban aún con nosotros, hubo un momento cuando yo corrí un poco el piano, me agaché a desconectar un cable de corriente y hasta ahí recuerdo. Cuentan Paola y mis padres, que di unos pasos hasta el otro cuarto, me quejé y mis ojos dieron vuelta, quedando en blanco, me fui hacia atrás de tal forma que caí al suelo sin conocimiento. Había recibido una descarga eléctrica, no se supo cómo, ni de cuánto voltaje o fuerza, pero me había electrocutado. Quedé derribado en el suelo, con los pelos de ¡punta!, sin moverme y aparentemente sin signos vitales.

El susto fue muy fuerte, no sabían qué hacer, la niña lloraba. Paola y mis padres, muy angustiados, llamaron una ambulancia, pero mientras esta llegaba, durante esos minutos de espera, mi madre se acercó y se puso encima de mí a orar y a pedirle a Dios sin cesar un segundo por mi vida, diciendo a viva voz: "no te vas a llevar a mi hijo Satanás, y en el Nombre de Jesús lo devuelves de la muerte." Pasados cinco minutos, sin interrumpir la plegaria que hacía mi madre, volví en sí, respiré y me reincorporé sentado en el sillón de la sala, sin saber ni entender nada de lo que había sucedido. Al rato llegó la ambulancia y los paramédicos me practicaron todos los exámenes y pruebas de signos vitales, todo estaba totalmente bien.

Ahora todos, nuevamente con los pelos de punta, pero por el asombro de cómo Dios otra vez había guardado mi vida de la muerte, por encima de cualquier ataque, accidente, o circunstancias absurdas como esta, que me había ocurrido sin explicación alguna. De esos cinco minutos, en los cuales no tuve conocimiento, no recuerdo absolutamente nada, no vi nada, no sentí nada, lo último que recuerdo antes de perderme en ese limbo, son mis manos sujetando el cable de corriente. De ahí vuelvo y retomo mi conciencia en ese gran suspiro profundo de vuelta a la vida, sentado en nuestra sala.

Ya con más tranquilidad, Paola, María Paula y yo nos fuimos a dormir, no sin antes ponerme una dosis de factor VIII que tenía guardada por alguna eventualidad en la nevera, por prevenir cualquier consecuencia adicional y llenos de fe dándole gracias a Dios porque no sucedió nada malo.

La bendición se multiplica
Más regalos del Cielo

Unos meses más adelante de ese año 2007, cuando María Paula tenía 7 meses de edad, se fueron madre e hija a un viaje a El Salvador, en Centroamérica, a unas vacaciones de tres semanas, a visitar a su hermana Patricia y su esposo Enrique, los cuales no conocían a nuestra bebé. Yo no pude ir por mis compromisos laborales. Lo disfrutaron muchísimo. María Paula y mi esposa, al igual que también Paty y Kike junto con sus hijos, se alegraron con nosotros por este regalo celestial para nuestra vida. Llegaron del viaje bastante bronceadas, María Pau más crecida y saludable, juguetona y linda. Pasados unos muy pocos días de su llegada de El Salvador, nuevamente, Paola sintió náuseas y vómito y tras algunas sospechas, se realizó la prueba de rigor. Sin estarlo buscando o planeando nosotros, ¡Paola estaba nuevamente embarazada! Se añadía una nueva felicidad e ilusión hermosa, estaba naciendo dentro del vientre de mi esposa.

Tuvimos la cita de la primera ecografía con el mismo ginecólogo que asistió a María Paula, lastimosamente a esa primera cita yo no pude asistir. El doctor le realizó la ecografía a Paola y, ¡oh sorpresa!, no venían solo uno, ni dos, sino tres bebés. ¡Eran trillizos! No conocíamos el sexo por lo temprano del examen, pero se veía en la ecografía, los tres embarazos. Al instante de que salió Paola del consultorio me llamó a mi trabajo y sin mayor rodeo, con mucha alegría, me dijo:

- "Mi amor, adivina, son tres".

-¿Cómo así? ¡Sí! Yo quedé sentado del asombro con una sonrisa en mis labios, obviamente con una alegría inmensa, mezclada con el fugaz pensamiento nervioso de, "1, 2, 3, 4 hijos, Dios mío Tú eres Quien nos sostiene". Esa noche en nuestro apartamento nos abrazamos felices por la buena nueva, igualmente pusimos en Manos de Dios este segundo embarazo, luego Paola me entregó de parte del médico una notica doblada a manera de felicitación y escrita por él, en un papel de su consultorio decía:

"Feliz día del triple papito..." jajá.

Pasado el tiempo para la segunda ecografía, fuimos los dos al consultorio y resultó que ya no estaban presente los tres

embriones, únicamente dos. ¿Qué pasó? Nunca lo supimos exactamente, el médico nos explicó que eso a veces ocurre, puede
ser reabsorbido por el cuerpo de la mujer o ser expulsado por el
mismo. Triste y lamentable, pero el Plan de Dios seguía perfectamente su curso. Lo que si pudimos conocer ese día fue el sexo de
los bebes, eran de nuevo niñas. ¡NUESTRAS HIJAS! El anhelo y
petición de lo profundo de mi corazón se cumplía y también se
cumplieron las peticiones de Paola, porque luego de un tiempo
ella me dijo que le había pedido en oración a Dios tener mellizos.
Ya más formaditas en la pequeña barriga de Paola, estaban creciendo muy bien y sus corazones en las ecografías sonaban con
mucha fuerza.

Como venía familia extendida, decidimos buscar una casa
más grande para mudarnos. El embarazo fue también sin mayor
complicación, pero muy pesado para mi esposa, su barriga crecía
a pasos agigantados, era gigante y preciosa, parecía que se fuera
a estallar. En las ultimas semanas antes de que nacieran las niñas,
casi no se podía sentar, no podía dormir acostada, tenía que hacerlo sentada. De antojos específicos quiso nuevamente todo con
mucho limón.

Con las mellizas no hubo mayor pensamiento de duda acerca
de su condición de salud, porque después del milagro que habíamos vivido con María Paula, reflexionábamos y esperábamos
confiadamente con nuestra fe firme en que Dios es siempre fiel
y, si ya lo había hecho una vez, sabíamos que tenía el Poder de
hacerlo de nuevo.

¡Se adelantaron!

Sin llegar al tiempo exacto de su nacimiento, con 35 semanas vieron la luz, pues un embarazo de mellizos siempre es considerado
de un riesgo más elevado, por lo tanto, se les hacía seguimientos
más continuos. Su nacimiento fue prematuro y, la verdad, Paola y
su épica barriga ya no aguantaban más.

Era 17 de diciembre, prácticamente un regalo de navidad, así que fuimos bien temprano a la Fundación Santa Fe. Con la cesárea programada a primera hora, ingresó Paola a la sala de cirugía y nacieron inmediatamente, por ser prematuras las pusieron en incubadora al instante, pero por no tener disponibilidad en la Uci de neonatos ahí en la Santa Fe, trasladaron a las niñas en ambulancia hasta la Clínica Reina Sofía. Yo iba con ellas en la ambulancia. Mi primera visión de ellas fue a través del cristal de esas dos cajitas donde estaban. Dos lindas muñequitas pequeñas.

Dos días Paola permaneció en la Santa Fe, estando las niñas en la Uci neonatal de la Reina Sofía. Yo tenía que ir de un lado al otro, vez tras vez, pero feliz de poder ver nuevamente el milagro de la vida frente a nosotros. Las mellizas estuvieron en incubadora once días, con todos los cuidados necesarios para que subieran de peso y pudieran salir pronto para la casa. A pesar de nacer prematuras, cada una pesó más de dos mil gramos y sus medidas, 46 y 47 centímetros.

Luego con Paola, frente a las incubadoras, viendo nuestras hijas, las observábamos muy indefensas, casi que podían caber en la palma de mi mano y un poco del brazo; las veíamos muy parecidas, en verdad eran idénticas, dos gotas de agua, preciosas. Dos nuevas hermosas princesas que Dios nos regalaba como herencia. Había lágrimas de alegría y agradecimiento al Señor, porque ese fin de año había llegado con todas las bendiciones. Completando el regalo de Dios, nuevamente de manera Sobrenatural los exámenes de sangre de Paola y de las niñas, confirmaron que estaban totalmente sanas.

- "¡Lo hiciste otra vez, Señor! La Gloria para ti".

Habían llegado Juana y Catalina Montañez Cuellar para quedarse.

Al regresar a nuestra nueva casa arrendada, Paola y yo con nuestra familia ya completa, podíamos contemplar a nuestras tres hijas, creciendo, sanas y llenando nuestro hogar de vida y razones para caer nuevamente de rodillas, dándole infinitas gracias al Señor por consentirnos de esta manera. Resonaban canciones de alegría en nuestro corazón al ver todo lo que Dios puede hacer cuando le creemos. El no olvida los deseos de nuestro corazón ni nuestras oraciones y hoy seguíamos experimentando Su Poder para testimonio de todos aquellos que no podían creer y se asombraban de ver y evidenciar el milagro. En mis momentos de oración y gratitud, a veces me oía tarareando al son de Juan Luis Guerra, con total felicidad:

"Para ti no hay nada imposible, para ti, no hay nada difícil para ti... ¡todo lo puedes!"

Todo lo puedes hacer, un milagro para mí Él tiene, -y para ti también- no hay cáncer ni Sida, ni enfermedades que sean imposibles para Él.

De esta manera comenzaría otro capítulo de nuestra historia.

. . . .

Pero ahora, Jacob (Juan Manuel), mi siervo,
Israel, a quien he escogido, ¡escucha!
² Así dice el SEÑOR, el que te hizo,
el que te formó en el seno materno
y te brinda su ayuda:
"No temas, Jacob(Juan Manuel), mi siervo,
Jesurún, a quien he escogido,
³ que regaré con agua la tierra sedienta,
y con arroyos el suelo seco;
derramaré mi Espíritu sobre tu descendencia,
y mi bendición sobre tus vástagos, *y brotarán como*
hierba en un prado,
como sauces junto a arroyos. Uno dirá: 'Pertenezco
al SEÑOR'; 1¡Hija!
otro llevará el nombre de Jacob, 2ª ¡Hija!

*y otro escribirá en su mano: 'Yo soy del S*eñor*', 3ª ¡Hija!*
y tomará para sí el nombre de Israel".

Isaías 44:1-5 NVI

Son: Juana, Cata Y María Pau, nuestras tres hermosas hijas que amamos. El solo hecho de verlas caminar, sonreír y existir, son prueba irrefutable que los milagros existen gracias a Él, de Su Infinito Amor y que es Todopoderoso.

"No paren de brillar y reflejar la luz de Jesús".

CAPÍTULO 9

Fe que mueve hasta la muerte

Transcurría el 2008 y estábamos disfrutando de esta gran familia, donde fuéramos todos íbamos como un caracol, "con la casa a cuestas", el trasteo para las tres bebecitas: pañaleras, teteros, sillitas de comer, coche doble, en fin... Yo continuaba trabajando en estudios de grabación. Paola, con María Paula aun pidiendo que la llevara en sus brazos, pendiente de las mellizas durante el día, el trabajo era arduo, tenía que hacer un tablero donde apuntaba a quién de las niñas le había dado comida y a qué horas y las vestía con ropa diferente porque a veces se confundía por ser tan parecidas. Así que conseguimos una niñera que nos ayudara, para que aliviara la labor tan pesada de Paola. Era hermoso ver las tres sonrisitas, llantos y juegos de las niñas; juguetes, canciones, baberos, mamelucos, muñequitos; tonos entre rosado y colores femeninos por todos lados. Una linda guardería en casa, aunque era pesado al mismo tiempo todo lo que implicaba la logística de cada día.

La vida continúa

Llegaban las noches. Era habitual que, al regresar del trabajo muy cansado, encontrar a mi esposa naturalmente sin fuerzas, con el deseo de descansar y dormir un poco después de un día tan agitado entre rondas, juegos, pañales, comidas, etc. Los dos continuábamos con la labor de dormir a las niñas. Pasaban los días y se agudizaban las trasnochadas largas, con nuestras fuerzas escaseando y ojeras evidentes, mirando que se durmiera Pau, después Juana, luego Cata, cuando finalmente se dormían las tres niñas, de repente se despertaba cualquiera de las tres. No dormíamos casi nada, ni lográbamos descansar bien, era en verdad un ritmo totalmente nuevo, con detalles muy hermosos de cada nueva cosa que hacían las niñas, pero bien complicado de llevar por lo agotador.

Muchas de esas noches, varios de nuestros amigos nos visitaban para turnarse y darnos una mano con las niñas, cuidarlas y hacer de "niñeras", jugarles al caballito, entretenerlas unas cuantas horas mientras finalmente se dormían. Nosotros tratábamos de recuperar algo de fuerzas, a veces ellos se quedaban hasta altas horas de la noche jugando a las muñecas o mimándolas dándoles tetero. A veces también, los fines de semana Gladis y Alfonso y mis padres, nos acompañaban o íbamos a sus casas para compartir con ellos y sus nietas. Pasaban los días y paralelo a nuestra nueva vida, se empezó a sumar todo el progresivo deterioro de mi salud, cada vez más acelerado, como una caída libre sin retorno, ya eran mediados de 2008.

Una realidad no solo mía

Se incrementaban día tras día mis dolores muy fuertes y hemorragias en los codos y la rodilla derecha. Con las nuevas rutinas de familia, aún tenía que seguir en los controles vitalicios de infectología, además del protocolo que debía seguir con los médicos de hematología y ortopedia, se sumaban las diferentes disciplinas del programa especial como: trabajo social, psicología, nutrición. Mes a mes, encontraban que el deterioro de las defensas continuaba. Me realizaban las cargas virales (el recuento del virus del Sida en sangre) y se veía su ascenso vertiginoso. El examen de cd4/cd8 (defensas del organismo en la sangre para contrarrestar el virus), continuaba bajando escandalosamente, era imparable.

En esos centros especializados del seguro social para mi tratamiento específico del Sida, entraba con lágrimas en mis ojos y con una tristeza aguda guardada, rápidamente me las secaba, para que nadie lo notara y me hacía el fuerte. Estando ahí adentro, el olor era particularmente extraño y pesado, feo, "olía a enfermedad". No faltaron los momentos en los cuales se me acercaban algunos pacientes hombres, después de quedarse contemplándome y comenzaban a interactuar conmigo preguntándome si yo era homosexual y a pedirme el teléfono para "conocernos más." Les respondía con respeto:

"No gracias, soy heterosexual, felizmente casado."

Pasaban por mi mente miles de preguntas, veía tanta necesidad, dolor y angustia, no solo la mía. En cada consultorio que entraba, debía llenarme de fuerzas. Al oír lo que los médicos me decían, solo pensaba nuevamente en mi cabeza: "Dios, por qué estoy acá, no quiero estar en este sitio y tener que oír todo esto." En esos centros de tratamiento, también encontré médicos con un gran valor humano, sensibles y con interés real por mi vida, más que ser un número o patología clínica. Al salir, con mi cartapacio de órdenes luego de las múltiples citas médicas para análisis de sangre y medicamentos, momentos de depresión salían a flote. Nuevamente lloraba por tener que afrontar que me dijeran cómo me estaba muriendo poco a poco, de la misma manera que los cientos que vi desfilar por esos consultorios fríos, de baldosas un poco viejas y quebradas y que lastimosamente fallecieron. De regreso a mi entorno normal respiraba profundo, con fe le pedía a Dios ayuda, fortaleza y con determinación me paraba a seguir viviendo. Debía continuar moviéndome mientras tuviera algo de fuerzas y con el amor por mi familia, ese regalo no esperado y asombroso del Creador, necesitábamos seguir funcionando como hogar. Pero, así como en el atardecer va desapareciendo inevitablemente la luz del Sol y va emergiendo la noche en fase creciente, de igual manera mi vida iba entrando a los momentos previos de la etapa terminal del Sida.

Oportunistas e inesperadas

Cada vez más delgado y débil, empezaba a perder el apetito y a tener dificultades para recibir la comida, así que iba ingiriendo cada vez menos, no lograba alimentarme bien, por encima de todos los esfuerzos que hacía Paola de darme lo mejor y más nutritivo. Incluso, a veces, por esa dificultad al ingerir y carencia total de apetito, botaba los alimentos.

Debido al cansancio crónico que se seguía agudizando y las defensas bajas, me golpeaban gripas muy fuertes. Empecé a contagiarme con nuevas infecciones oportunistas. Apareció la candidiasis y luego la esofagitis aguda, por lo cual me llevaron nuevamente varias veces a la clínica a hospitalizarme y tratarme con lo médicamente posible para controlar estas nuevas enfermedades. Antibióticos, sueros y unas pomadas para la boca porque esta se me ampolló. Aparecieron unas manchas blancas y puntos por dentro de la garganta y en la lengua, eran horribles.

El dolor en todo el tracto digestivo al intentar tragar era insoportable. Después de haber "controlado" un poco esos episodios y de un par de hospitalizaciones, salí de la clínica San Pedro Claver a practicarme más y más exámenes. Nuevamente otro cambio del plan de tratamiento con los retrovirales, porque el virus seguía mutando (transformándose). Por el uso prolongado de las anteriores medicinas, se generaba resistencia y tolerancia de sus principios activos frente al asesino silencioso del Sida cada día más agresivo.

Durante ese periodo del 2008, por la temporada de hospitalización y las incapacidades, paulatinamente me iba sumergiendo en la enfermedad, perdiendo momentos con mis hijas y esposa los cuales no volverían nunca. Más allá de mi difícil situación por la que estaba pasando con la salud, sé que también iba siendo para Paola y las niñas muy complicado; las niñas continuaban creciendo y las necesidades en todo sentido iban aumentando.

Atravesando ese nuevo esquema de retrovirales, los médicos analizaban qué medicamentos podían y cuáles no me podían formular para tomar, pues había algunos que tenían una mala interacción en pacientes con hemofilia, pues hacían que se incrementaran las hemorragias internas y externas de manera espontánea. Tuve más sangrados espontáneos durante ese periodo, en fin, una carrera contra el tiempo tratando de encontrar el tratamiento adecuado para buscar aliviar el progresivo sufrimiento interno.

Fue demasiado fuerte realmente, los esquemas con retrovirales eran como quimioterapias. Resultaba muy frustrante tomar un tratamiento que esperas que te va a dar una mejoría, pero ocurre todo lo contrario, pues los efectos eran, náuseas, vómitos, un embotamiento y mareo extraño, diarrea, resequedad en la piel, fatiga extrema, exantema cutáneo, calambres y dolor en los pies y las manos. Recuerdo un día en que estaba realmente mal, con embotamiento total, la depresión que empezaba a estar más presente, náuseas, mareos y diarrea y con mi esposa sin saber qué hacer, sacando nuevamente fuerzas, llegó a visitarnos nuestro amigo Carlos Arturo. Fue muy lindo en medio de nuestra situación tan difícil, yo en ese estado de salud, degenerándome paso a paso, acostado sin poderme levantar, él nos recordaba la esperanza y fortaleza que Solo Dios nos podía dar. Dios era el único oportuno socorro y refugio, quien nos iba a ayudar en medio de esta etapa, de este largo desierto en el que estábamos, solo Él nos iba a sacar de esa guerra a muerte que cada vez era más cruda.

Flores marchitas

Días más adelante ya no podía ni controlar esfínteres, hacía mis necesidades fisiológicas en cualquier momento, no tenía fuerzas para aguantar. El levantarme de la cama era muy lento y difícil, a veces me orinaba o poposeaba en los pantalones porque no alcanzaba a llegar al baño. Tuve que empezar a usar pañales todos los días, era muy frustrante y triste para mí, pero para Paola ni

hablar, viviendo con un enfermo que se iba marchitando constantemente y cuidando a las niñas, que por su corta edad poco
comprendían, pero también sufrían.

En una cita médica un doctor hizo la recomendación que yo
debía descansar más. Por sugerencia de mi madre, quien también
quería lo mejor, pero de una manera equivocada, empecé a dormir solo en un cuarto del segundo piso de la casa y Paola en el
cuarto de al lado con las niñas. Yo no tuve el carácter de decidir
y manejar esa situación, estaba sumergido en intentar sobrevivir,
que lo único que hacía era dejarme llevar por lo que viniera día
tras día. Dios usó esta decisión mía para guardar a Paola, Juana, Cata y María Paula como en una especie de burbuja física y
espiritual, protegiendo su vida y corazón, de todo lo que estaba
pasando y a punto de desatarse.

El enemigo en casa

Teníamos una joven niñera, a quien llamaré "Nancy". Luego de
su llegada a nuestra casa, a los pocos días empezaron a ocurrir
acontecimientos muy extraños. Aunque suene irreal, Paola empezó a encontrar su ropa interior como con manchas de quemadura
de cigarrillo, la casa empezó a oler a podrido, menos el cuarto
donde estaban Paola y las niñas. Todas las frutas que comprába-
mos, de un día para el otro amanecían dañadas; todas las flores
de la entrada de la casa que estaban con muchos colores, con vida
y bonitas, antes de la llegada oscura de Nancy, se marchitaron y
deterioraron, se empezaron a caer con sus hojas muertas, aunque
se les tratara con mucha agua no revivían. Como si fuera una ré-
plica, lo mismo estaba sucediendo conmigo. El deterioro de todo
mi cuerpo y de mi sistema inmunológico estaba marchitándome
como una flor. Mucho después descubriríamos y entenderíamos,
que fue una obra de brujería hecha por esta persona en contra de
toda nuestra familia. Sé que le puede sonar loco e irreal, o absurdo, pero esto también existe y se ejecuta mucho más de lo que usted imagina. A Paola se le desapareció dentro de la casa el anillo

de compromiso que le regalé antes de casarnos en muy extrañas circunstancias, nunca apareció ni hubo explicación alguna, supondríamos más bien que se lo robaron. Unas noches después de esto, ya que Paola ha tenido un don especial de ver, soñar y discernir muy especialmente este tipo de asuntos espirituales, tuvo un sueño en el cual veía su anillo de compromiso dentro de un tubo de ensayo, le estaban haciendo experimentos y arrojándole todo tipo de cosas, como si fuera el objeto dentro del caldero de algún experimento oculto.

Mi vida se deterioraba en todos los aspectos, iba de mal en peor; sin fuerzas ni alientos para vivir, marchitándome por dentro y por fuera. En ocasiones me bañaba en la ducha y terminaba haciendo todas mis necesidades fisiológicas ahí mismo, por eso tuvimos que contratar, aparte de la niñera, a otra persona que hiciera solo el aseo de la casa y los baños. Sumado a esto, cada vez más dependiente del Tramadol, no solo por los dolores intensos, sino, en muchas oportunidades como escapismo para no vivir esa realidad, no querer ni poder afrontarla. En varios momentos terminaba drogado, "ido", sin ser consciente muchas veces de lo que me pasaba y estaba viviendo.

Con esa ansiedad de no querer nada de esto y la incapacidad de todo tratamiento que me seguían formulando, en medio de estos primeros pasos al largo desierto, volvía a momentos de lucidez, alzaba mis ojos y mi voz en oración y suplica diciéndole: "mi Señor, no me quiero morir, no me lleves todavía por favor, no quiero esto, no sé cómo superar todo, cómo vivir. ¿Qué va a pasar con mis hijas y mi esposa? Solo quiero vivir, Jesús te amo, sigo creyendo en ti, no quiero morirme, esto es más fuerte que yo, Jesús ayúdame, perdóname, ¡ven en mi ayuda!"

Recordando las palabras del Salmo 130, en medio de la desesperación de lo profundo de la fosa, del abismo, clamo a ti Señor, seguido por la continua lucha reclamando a Dios, sin entender esta vida tan dura que estaba afrontando. Así mismo, pasaba del llanto y frustración a la confianza y la fe de saber que debía seguir respirando, algo dentro de mí me seguía diciendo: "sigue respirando Juan Manuel, sigue viviendo, mañana será otro día y también volverá a salir la luz del Sol."

En Su luz está nuestra luz.

Estuvimos durante ese periodo, prácticamente sin iglesia, no podíamos asistir, porque con las niñas pequeñas, mi estado lamentable y toda la carga sobre Paola era realmente difícil, por eso varias personas iban a visitarnos, a darnos una palabra de aliento y a orar por nosotros.

Realmente una guerra a muerte

En una de esas visitas de oración, Paola veía cómo me salían una especie de cucarachas asquerosas del pecho y se desvanecían, creo que esa era la demostración de mi condición espiritual emocional y física en esos momentos, ya que día tras día todo era cada vez peor. Paola, desesperada por esta situación invisible, oró al Señor pidiéndole que le revelara qué estaba pasando, además de todo lo físico; que Él evidenciara qué estaba ocurriendo espiritualmente. Ese día se le apareció un demonio horrible, mostrándole el dedo meñique, moviéndolo como si estuviera jugando conmigo, le decía: "yo a Él no lo voy a soltar." Y se reía en su cara.

A la mañana siguiente, estando yo en cama sin alientos, totalmente ido, se acercó Paola y me levantó las cobijas de la cama, estaba yo inyectándome Tramadol a escondidas, debajo de ese edredón. Lo que hacia ese medicamento también era acelerar mi metabolismo y me hacía sentir mejor, me producía un poco de calma, dándome así algo de fuerzas para levantarme de la cama con las dos muletas. Esto se convertía en mí en una nueva lucha entre hacerlo o no hacerlo. Lograba un alivio pasajero, pero totalmente agónico. Nuevamente fue muy duro y triste para ella, sin yo tener explicación alguna, teniendo que involucrar también a mis padres, ya que la situación estaba siendo totalmente inmanejable. Ese día fue la primera confrontación con mis papás, que estaba teniendo problemas con medicamentos opiáceos para el dolor, excediendo en el consumo de ellos. Ver el rostro de desilusión de mi esposa y mis papás al darse cuenta de mi engaño, fue realmente doloroso. En ellos se vivía la impotencia de no poder hacer nada y, la verdad, yo tampoco tenía la más remota idea de cómo lograr sobrevivir en medio de este panorama tan desalentador.

Mi realidad humana estaba siendo degradante.

Hubiera podido haberme tapado con cobijas o edredones para tratar de ocultar esta situación, pero Dios, como siempre, se encargaría de sacarlo todo a la luz. Él quería trabajar fuertemente ahí, continuaba con Sus herramientas martillando y buscando el 100% de mi vida, no se conformaría con poco, lo quería todo, por eso seguía usando cada circunstancia para este fin.

El Señor quiere y ama la limpieza y transparencia, más allá de librarme de mis enfermedades y solucionar mi condición de salud, su verdadero anhelo era mi corazón. Está más interesado que tu esencia dependa de Él, que de tu apariencia alejado de Su Mano. No paraban un segundo los síntomas de inmunosupresión, dolores de la artropatía hemofílica, con sus múltiples hemorragias. A mí se me estaba convirtiendo "normal" y cotidiano el vivir sumergido en todos esos dolores, en el manejo que les daba, comportamientos, dudas, escapismos y falta de fuerzas por vivir. En cada exhalación se me iba todo, contrarrestado también por el intento de sacar fuerzas de donde fuera para levantarme, buscar a Dios en el centro del hueco en el cual me encontraba y Su inmenso Amor, que era el soporte que no me soltaba y no dejaba que me muriera y, por supuesto, tenía toda mi fe en sus promesas. Sentía a cada segundo náuseas, un sabor repugnante en la boca, no podía ni respirar, se me iba la vida, no tenía energías para hacer casi nada.

Finalizando el 2008, en diciembre, un día al caminar tuve un mal movimiento en el cual me resbalé y caí encima del árbol de navidad, derribándolo totalmente. María Paula salió a correr al ver lo que había sucedido y se puso a llorar al ver su árbol en el piso y dijo inocentemente: "papi, dañaste mi árbol". Al levantarme, empezó un dolor insoportable en la pierna, más exactamente en la ingle izquierda, aunque me puse factor rápidamente me seguía doliendo. Debido a esto, quedé al día siguiente derribado e inmovilizado en la cama, de forma tal que el más mínimo movimiento me hacía gritar de dolor. Era un dolor muy agudo y como las dosis eran pequeñas, no me funcionaban, había que llamar a la secretaria de salud para que fuera una ambulancia y me suministraran morfina. Pasaron las horas y el dolor no cesaba con nada y tuvieron que llevarme a urgencias, me hospitalizaron y pasé del 23 al 27 de diciembre en la clínica, ya que había alcanzado a lastimarme un nervio. Por fin se acababa ese año, pero no se terminaban las luchas y las pruebas.

Ruptura, lo perdimos todo

En febrero de 2009 falleció el abuelito Alfonso. Las niñas tuvieron la pérdida del abuelito por parte de Paola. No pude acompañar a Gladis y a mi esposa al velorio. Los médicos me aumentaron la dosis de Ensure o a veces de Ensoy que me daban como suplementos vitamínicos para ver si podía reatrapar mi peso promedio, que nunca fue mucho, pero que seguía perdiendo. Lo mismo ocurrió con el coctel de retrovirales, le adicionaron antibióticos profilácticos por los riesgos de volver a contraer otra infección oportunista. No pude seguir trabajando, tuve que renunciar. Igualmente, por mi condición, abandoné el estudio en el cual estaba en ese momento, Frecuencia Creativa. Perdí mi capacidad de ser productivo como lo era antes. Solo fueron algunas pocas cosas que pude hacer durante un tiempo con mi tío Eduardo, quien me colaboró en esos meses, entendiendo el ritmo del deterioro de mi salud. Era cuando podía salir y levantarme, que lograba realizar alguna producción, música o cuña radial en su fundación. En ese momento empezamos, con ayuda de mis padres, a realizar todos los trámites de la pensión por incapacidad, habiendo sumado todos los días y requisitos legales para esto.

Avanzaba vertiginosamente mi deteriorada condición, la relación entre Paola y yo estaba de la misma manera, muy mal, era invivible para ella todo lo que estábamos afrontando, sumado a mis comportamientos autodestructivos y adictivos. Nada más qué hacer. Tuvimos una separación de 8 meses, en los cuales lo perdimos todo. Perdimos nuestra familia.

Durante este lapso de tiempo, Paola estuvo donde su madre y no le faltó absolutamente nada, gracias a Dios, le llegaban de parte de muchas personas cantidades de pañales, ropa, comida y todo para ella y las niñas, pues todavía estaban muy pequeñas. Nuevamente Dios y Su fidelidad protegiéndolas. Por mi parte, estuve durante esos meses con mis padres en Cota. Ellos trataban de hacer lo mejor posible por mi vida y lo que a su criterio era lo indicado, mientras continuaba yo viviendo en todas las luchas de tratar de no morirme, a veces entre justificaciones por mi dolor físico. Se sumó, que el clavo intrafemoral que varios años atrás me pusieron en la pierna derecha a causa del accidente automovilístico, ahora estaba dañado, estaba lastimando la rótula de esa misma pierna y generando muchas hemorragias en esa articulación, teniendo ahora que hacer de manera inminente remplazo total en esa rodilla.

Encerrado en esa circunstancia, siempre había momentos en los cuales volvía la Palabra de Dios a mi mente, la fe en Él seguía en lo profundo de mi ser y el clamor continuo pidiéndole que me sacara de toda esta vida de enfermedad, rogándole por Su Misericordia y Ayuda. Solo me quedaba seguir viviendo confiando en Dios, descansando en Sus Manos.

..No siempre estarás airado,
porque tu mayor placer es amar.
Vuelve a compadecerte de nosotros.

Pon tu pie sobre nuestras maldades
y arroja al fondo del mar todos nuestros pecados.
Miqueas 7:18-19 NVI

Lejos del hogar

Ahora estaba acá, como un esposo que no podía suplir las necesidades de su esposa, viviendo en un lugar alejado de su hogar y nuevamente como padre ausente. Tampoco estuve en muchos momentos del desarrollo de nuestras tres hijas, donde el padre debe estar siempre. Un día María Paula tuvo una fiebre muy fuerte, pasado el tiempo Paola y ella me contaron expresando su dolor, que una tarde en medio de su llanto febril, Pau se asomaba a la ventana donde su abuela Gladis, mirando y anhelando esperando que su padre llegara a visitarla, pero nunca llegué. Se me partió el corazón cuando me di cuenta de todo esto. Dios mío, perdóname por todo el dolor causado por mi imposibilidad, a veces por el egoísmo de estar pensando solo en mi vida, o mejor aún, en mi muerte. Además, por no estar ahí cuando me necesitaban, ninguna justificación sirve. Más allá de cualquier condición que se esté afrontando, debemos ser humildes, salir de nuestro aislamiento en la dificultad y mirar también la necesidad de las personas que nos aman y nos rodean.

Salvado de nuevo de la muerte

Pasaban los días y llegó el momento de la operación de la otra rodilla en la Clínica San-Pedro Claver del Seguro Social. Aparentemente se iba a realizar un procedimiento de rutina, hecho cientos de veces por los ortopedistas a muchos pacientes, pero por mi condición era de alto riesgo y no tan sencillo, causando prevención en el cuerpo médico, llegando al punto que uno de ellos dijera: "por la condición de Juan Manuel no vale la pena invertir más en él, es mejor que no lo operen." Con total indignación se redactó una carta presentando la queja por este comportamiento inhumano, de manera tal que este médico no fue quien me intervino. Como siempre lo he hecho, segundos antes de entrar a mi intervención, puse mi vida en Manos del Señor y le dije: "hágase Tu voluntad, Dios, yo te creo a ti, pido por Tu ayuda y Misericordia, mi vida está en tus manos."

Cuando salí horas después de la cirugía, Paola se encontraba en la sala de espera expectante por tener noticias mías junto con mis padres, en un momento inesperado salió de una puerta una de las enfermeras y dijo en voz de llamado:

-"¿Familiar de Juan Montañez?"

Se acercó Paola y le dijo la enfermera en voz baja:

- "Entre y se despide de él porque no aguantó la cirugía."

Ella entró y se acercó a mi camilla y oró clamándole al Señor por un soplo de vida y por Su perfecta voluntad en mí, mientras tanto yo estaba inconsciente. Salió, con rumbo a la casa de su mamá para estar con las niñas porque continuábamos separados. Minutos después yo reaccioné, me desperté, con mucho dolor en mi remplazo articular, pero dándole gracias a Dios por otra oportunidad de vida. Nuevamente Él me había agarrado de su Mano para no fallecer.

Viviendo nuestra separación y la recuperación de esta cirugía en la casa de mis padres, yo en medio de mi pensamiento desubicado y solo, pensando casi todo el tiempo en mi enfermedad, decidí que nos reuniéramos y tuviéramos una cita en una comisaría de familia, para ver cómo manejábamos esta situación de separación, afrontando la realidad cruda de lo que vivíamos y la manera más "justa" de repartirnos la manutención de las niñas, aunque nunca, gracias a Dios, hablamos de divorcio ni tampoco lo queríamos hacer. Fuimos cada uno por su lado, llegamos a la oficina de conciliación familiar en la localidad de Usaquén para hablar con la comisaria. Yo, antes de entrar estaba con un disimulado orgullo absurdo pretendiendo que iba a tener la razón de

algo que yo ni sabía que era, simplemente que me estaba muriendo y mediante esto justificaba mi accionar, ignorando que aquí y
como lo es en cualquier separación, no había quién ganara, sino
solo perdedores.

Pero desde el momento en que los dos ingresamos a ese consultorio jurídico solos a hablar con la comisaria, lo primero que
sentí fue un quebrantamiento en mi corazón y el ver a Paola me
removió todo; y como es habitual en mí, comencé a hablar entre-
cortado y a llorar. Vimos cómo la Mano de Dios nos había agendado esta cita divina, nuevamente desarrollando su plan en medio de la circunstancia adversa, usándola de nuevo para bien de
nosotros. La comisaria, después de oírnos un tiempo y analizan-
do un poco lo que hablábamos entre los dos y con ella, hizo una
pausa, y como si fuera el Señor direccionando lo que debíamos
oír, nos dijo mirándonos a los ojos con mucha ternura:

- "Ustedes no deben estar separados, ustedes se aman."

Seguía dándonos consejos y a medida que le contábamos más
cosas de lo que estábamos atravesando, volvía e intervenir:

- "Esto lo pueden solucionar, ¡pero juntos!"

Una de las frases finales me la dijo a mí directamente: "no te
pierdas la posibilidad de ver crecer a tus hijas y estar el tiempo
que te quede, sea uno o muchos años, de estar con tu familia".
Duro y crudo, pero ese fue un golpe celestial certero, por medio
de la boca de esta amable Señora. Dios utiliza a cualquier persona
como herramienta, hace que las piedras hablen si es necesario,
con el objetivo de guiarnos de nuevo a Su camino y revelar las
intenciones reales de nuestro corazón. Él nos ama tanto, que muchas veces, en medio de nuestra rebeldía o desespero, nos cuida,
pero no nos mima caprichosamente y su infinito amor no permite
que nuestras vidas sean en vano; por más que nos desviemos Él
continuará hablándonos para hacernos regresar.

"Pueblo de Sión, que habitas en Jerusalén, ya no llorarás más. ¡El Dios de piedad se apiadará de ti cuando clames pidiendo ayuda! Tan pronto como te oiga, te responderá. [20] Aunque el Señor te dé pan de adversidad y agua de aflicción, tu maestro no se esconderá más; con tus propios ojos lo verás. [21] Ya sea que te desvíes a la derecha o a la izquierda, tus oídos percibirán a tus espaldas una voz que te dirá: «Este es el camino; síguelo».

Isaías 30:19-21 NVI

De nuevo de la mano

Tomamos la decisión de volver a vivir juntos donde la mamá de Paola. Yo inicialmente en un cuarto solo, a causa de todos los tratamientos que me estaban realizando y por los dolores que tenía. Días después, estábamos nuevamente los cinco unidos en el cuarto de soltera de Paola, dispuestos a luchar por nuestro matrimonio, a batallar y poner todo de nuestra parte para empezar a rehacer la familia, que en ese momento era prácticamente imposible, porque estábamos sin nada y yo más enfermo, pero juntos y eso nos bastaba.

Mi salud no mejoraba, por el contrario, seguía empeorando, pero continuaba de la Mano de Dios, dando lo mejor de mí en medio de todas las emociones, pensamientos y dolores. Allí le pedía a Dios que me fortaleciera, me ayudara a vivir y pudiera recuperarme, reconociendo nuevamente que apartado de Él nada podía hacer. Era muy difícil, ya que no había ninguna respuesta. La ropa ya prácticamente me colgaba, pálido, con las defensas más bajas que nunca, manchas en la piel y con agotamiento físico constante. En el afán y necesidad de mejorar mi salud y apariencia, Paola sumó los refuerzos naturales a manera de nueva dieta, para ver si de alguna forma mejoraba y subía mi peso. Estaba ya bajando a 43 kilos, que, con mi estatura de 1.75, era muy poco.

La deliciosa sopa de corazones de pollo, el exquisito hígado con su sabor particular y, sobre todo, el inigualable caldo de pajarilla, entre otros platos del exótico menú, que sabía que tenía y debía comerlos, así no fueran de mi agrado.

Después de varios días con mi nueva dieta, que no arrojaba ningún resultado, una noche, tomé nuevamente una gran porción de caldo de pajarilla con cilantro, cebolla y algo de papa. A los pocos minutos de haberlo ingerido, empecé a sentirme muy mal, pésimo, pues se empezó a inflamar mi estómago. Muy mareado comencé a vomitar varias veces, ya era muy repetitivo. Como estábamos tan acostumbrados a esta condición, inicialmente pensábamos que era algo de rutina, pero al ver que mi abdomen se seguía inflamando y que el vómito ni el dolor cesaban, mi mamá, que estaba visitándonos, me llevó de inmediato a la Fundación Santafé de Bogotá, fue el lugar más cercano que se nos ocurrió. Paola muy preocupada, debió quedarse en la casa con Juana, Cata y Pau cuidándolas.

Al parecer, ese último delicioso plato sería la gota que derramó la copa.

Ejercitando la Fe; ¡es más que esperanza, es convicción y certeza!

Transcurría el 9 de abril de 2010, aproximadamente eran las 8 de la noche, me ingresaron a urgencias, empezaron a examinarme y a estabilizarme. Al ver mi historia clínica, hicieron todos los esfuerzos para saber lo más rápido posible exactamente qué me estaba ocurriendo. Varios médicos entraban y salían con impaciencia, hacían preguntas, hablaban entre ellos. En ese momento, lo único que pensaba era en el dolor abdominal tan agudo, me atacaba cada vez más fuerte, era insoportable. Oraba todo el tiempo en mi mente: "Dios, no me quiero morir, sáname, Tú lo puedes hacer". Rápidamente me pusieron en un cuarto de aislamiento en la sala de urgencias.

Toda esa primera noche y día siguiente, estuve vomitando un líquido verde horrible. En oportunidades me alcanzaban a pasar la riñonera para hacerlo, en otras era tan involuntario e incontrolable, que solo alcanzaba a sacar la cabeza por un lado de la camilla y vomitaba en el piso. En cada expulsión, sentía que se me desgarraban los intestinos y se me iba a salir el corazón. El hecho de estar durante todas esas horas trasbocando, provocó que se me irritara el tracto digestivo y la garganta. Era como un ácido de olor putrefacto que salía de mi estómago.

Al otro día llegó Paola muy preocupada a la clínica y le dijeron los médicos que yo estaba reventado internamente. Al tener las defensas en cero debido a la inmunosupresión del Sida y tan débiles todos mis sistemas internos, se me estranguló una hernia, reventó una ulcera y se perforó el estómago por la parte de atrás. Todo ocurrió al mismo tiempo. Por ende, se irrigaron todos los líquidos gástricos, ahora estaba además en un proceso infeccioso súper agresivo, en el cual no me podían intervenir quirúrgicamente para tratarme y limpiar todo, porque se regaba más la infección por todo mi cuerpo o me desangraba debido a la Hemofilia.

- "Vamos a hacer todo lo posible, pero no hay muchas esperanzas." Eran las frases más aterrizadas de los doctores que me veían.

Me instalaron una sonda que entraba por la nariz hasta el estómago para que empezara a salir la infección. Ese incomodísimo tubo que todo el tiempo sentía al intentar tragar y respirar, tenía un sabor horrible en mi boca reseca, una mezcla de plástico insípido del tubo y la sustancia que estaba saliendo a través de él, el cual sentía todavía en mi garganta. Lo único que se podía hacer era drenar la infección de esa forma, suministrar más antibióticos y sentarse a esperar. Me encontraba en la fase terminal del Sida.

"El 94% de posibilidades es que Juan Manuel se muera," era la expresión constante de los doctores. Aun así, Paola seguía con la certeza plena que Dios me sacaría de ahí y creyendo en ese 6% restante, que, aunque llegara a cero, Él podía hacer un milagro.

En mi condición de moribundo en la cual estaba muy poco tiempo consciente, a veces sin tener fuerzas para hablar, cuando me llegaban alientos no podía ni quería sentarme. Quería quedarme acostado sin hacer nada. Lo que podía hacer, con los pocos alientos, y así estuviera al borde de la muerte, era ponerme a orar en la mente o en voz baja, a clamar por las promesas de vida y sanidad de la Biblia y en el Nombre de Jesús, volvía a decirlo con todas mis fuerzas, y a poner mi confianza solo en Él, no había nada más ni mejor por hacer. Corriendo la carrera difícil que me tocaba en turno transitar, porque al bajar mis ojos veía solo muerte en mi cuerpo, aun así me aferraba a Su Palabra.

"Puestos los ojos en Jesús, el autor y consumador de nuestra fe"
Hebreos 12:2 RV60

En Él, solo en Él, peleando esta batalla de fe, guardando la fe, entendiendo poco a poco que es más que una esperanza, es certeza y convicción de lo que puede hacer el Todopoderoso y de lo que está por venir. Esta buena batalla día a día hacía fortalecer mi confianza en Dios, incluso por encima de lo que seguían diciendo los médicos y sin importar lo que pasara. Como dice la Palabra, debes echar mano de la vida eterna. Buscaban cómo estabilizarme primero, para luego trasladarme a la San Pedro Claver, que era el hospital del seguro social en el cual debía estar, ya que la Santafé no tenía convenio con el seguro del Estado. No lo lograban hacer por mi condición tan crítica y, mientras tanto, estábamos a la expectativa de la razón de conseguir una cama o un cuarto disponible en la San Pedro.

Paola, junto con sus amigas Patricia, Gina y Margot, estaban pidiéndole a Dios que no me trasladaran y me dejaran en la

Santafé para terminar el tratamiento allí. Y así fue, hubo otro milagro en esto, pues decidieron dejarme allí, en un pabellón de cuidados intermedios con una enfermera que estuviera todo el tiempo pendiente y una excelente atención. Llegaría a estar seis meses exactos hospitalizado en ese lugar.

Esto fue un alivio en medio de todo, porque permitió que Paola, cada día, se movilizara más fácil desde la casa de su mamá a la clínica, pudiendo dejar a las niñas con Gladis, quien las cuidó todo el tiempo que permanecí hospitalizado.

32 kilos, un anunciado final

Transcurrían los días de mi hospitalización en esa primera habitación de cuidados intermedios, continuaba bajando de peso, no podía ingerir absolutamente nada, ni solidos ni líquidos; ni siquiera un poco de agua, solo podía humedecer los labios para tratar de saciar la ansiedad en la boca y la sensación de resequedad continua. Por esto la decisión médica para mi alimentación fue suministrarme alimentación parenteral vía intravenosa por la yugular, directamente al torrente sanguíneo. Estuve casi cuatro meses sin poder saborear nada ni comer como cualquier persona normal.

Esta fue una nueva enseñanza, aprender a valorar el enorme privilegio que es poder comer y sentir los sabores en la boca y en la lengua que al tragar trae también felicidad. Nunca antes pensé profundamente en eso o di gracias realmente porque siempre lo pude hacer, solo al estar en esa condición le di el valor en verdad a eso aparentemente insignificante. ¡Gracias, Dios por la comida, gracias por poder saborearla, ingerirla y disfrutar de todos los sabores que Tú has creado!

Al mismo tiempo, con la parenteral, seguían los sueros y líquidos que me aplicaban, continuaba la sonda por la nariz drenando la infección. Yo Parecía un colador de cocina con tantos orificios y tubos en mi cuerpo. Luego de esto resultó que debido al virus del Sida que había dañado todas mis defensas, los linfocitos y las células T estaban en valores muy bajos. Para terminar de completar el problema, fui infectado con una microbacteria intrahospitalaria muy agresiva. Esto se produjo donde estaba la inyección de la alimentación parenteral, inicialmente el punto donde estaba la aguja se puso de color muy rojo, luego se inflamó y se infectó entrando por ahí la bacteria a mi cuerpo. Inicialmente, alcanzaron a decir que era tuberculosis (TBC). Iniciaron un tratamiento para esto también, luego se dieron cuenta en los análisis de sangre que era un coco bacteriano mortal.

En el cuello, por el lado izquierdo, un ganglio empezó a crecer, a doler, y a tomar color rojo, se llenó de pus y parecía como una segunda cabeza que me estaba saliendo y que empezaba a crecer dentro de mi cuello como si fuera un organismo vivo. Continuamente hacía erupción y salía materia sin parar, entonces, me trasladaron a un cuarto de aislamiento, al cual solo podía entrar Paola que estaba siempre ahí. Gladis, mis padres o algún familiar, solo podían ingresar después de desinfectarse y ponerse guantes, tapabocas, gorro y una bata de pies a cabeza.

Todos los días a Paola le decían antes de entrar: "no, no va a aguantar, la médula no está produciendo glóbulos blancos, no te hagas ilusiones, él no va a sobrevivir". Los últimos medicamentos que habían salido en ese año 2010 para tratar el Sida, aún no estaban disponibles en el país a través del seguro. Sin embargo, se lograron conseguir con ayuda de un médico y alguien nos los trajo de Estados Unidos, pero tampoco estaban surtiendo ningún efecto. Tenía el bazo y el hígado muy inflamados, permanecía en esa cama día y noche, esto hacía que me salieran también escaras (llagas en la piel por permanecer mucho en una misma posición) en la espalda y en las nalgas. Llegué a pesar 32 kilos, estaba desnutrido, en los puros huesos. Se encontraba tan pegada la piel a mi esqueleto, que se veían saltando fuera del pecho las palpitaciones del corazón.

Ninguna Esperanza

Subían los estados de fiebre rápidamente a más de 41 grados centígrados. Todos los días iban las enfermeras y especialistas a extraerme de 6 a 8 tubos de sangre para hemo cultivarme para analizar la presencia de esta nueva bacteria en la sangre y evaluar de qué manera estaba reaccionando a los tratamientos. Además, se realizaba seguido el recuento de Cd4 /Cd8 el cual estaba en 15, teniendo en cuenta que al tenerlo en menos de 200, empezaba a convertirme en una persona más propensa a las enfermedades oportunistas. La carga viral arrojaba un resultado de más de 80.000 copias, corroborando el estado de inmunodepresión o supresión grave.

En los días no tan difíciles, podía ver los partidos de futbol de la Selección Colombia y otros equipos, estaba en medio el mundial de futbol de Sur África 2010. Después de los partidos colocaba un momento el canal cristiano Enlace, para oír alguna Palabra de parte de Dios que me fortaleciera. Un día un médico residente, a manera de burla e incredulidad, ya que me había visto con la Biblia en la mesa de noche y orando, me dijo con tono sarcástico: "eso, sígale pidiendo a ese Dios, a ver si lo sana." Yo solo apretaba mis dientes, me quedaba callado y entre luchas internas volvía a pensar que Dios no me había dejado y sabía que estaba ahí conmigo. Respiraba profundo, pero el solo hecho de respirar me dolía; vivir en esa cama postrado me deprimía constantemente.

"No aguanto más, Dios".

Fue una época demasiado fuerte igualmente para Paola, ella también luchaba tratando de conservar la paz y la cordura, para ser el pilar emocional de nuestra familia y esforzarse por seguir levantando nuestras tres pequeñitas, quienes no alcanzaban a dimensionar lo que estaba sucediendo. Solo Dios podía darle esa tranquilidad y paz a mi esposa en medio de esta situación, aunque a veces se derrumbaba y lloraba, se quebrantaba sin saber qué hacer, solamente encontrando refugio en el Señor y se apoyaba en su hermana Patty y su gran amiga Lizette, quienes la rodeaban en oración. Muchas personas nos sostenían en oración y puedo decir que el poder de la oración es profundamente efectivo. Esto fue vital para que Paola mantuviera su fe y amor por mí y para continuar viviendo con una esperanza.

Juana y Cata tenían 3 años y María Paula 4, ellas pudieron ir solo un par de veces durante esos 6 meses a visitarme, pero con todos los cuidados y precauciones para ellas. Fue muy doloroso ver a mis tres hijas viéndome tan mal y a punto de morir. Tres pequeñas muñequitas con colitas en el pelo, sonrisas y ganas de jugar conmigo y yo, sin poder hacer nada, tan solo verlas, sonreírles y saludarlas unos minutos mientras permanecía recostado en la cama del hospital.

Alista tus cosas, no vas más

El apoyo de mis padres durante esos momentos fue muy especial. Nuestras familias extendidas y otras personas también fueron a visitarnos, algunas sutilmente a "despedirse" de mí, bueno era lo que yo sentía. Recuerdo un gesto muy lindo de casi todos mis tíos, primos y primas de parte de mi mamá, los Zuluaga, que una tarde me entregaron una carpeta con muchísimas cartas, dibujos y frases de cariño. Fue muy lindo recibir este detalle, pero también confrontante el darme cuenta de que realmente estaba ya con mis días contados.

Me sentía como en el pasaje de segunda de Reyes 20 en el cual Dios le dijo al rey Ezequías: "te vas a morir, alista tus cosas, no te recuperarás."

Estaba otra vez orando al Señor, entre lágrimas y susurros en medio de la soledad de mi habitación, cuando Paola y todos se marchaban, decía: "Señor Jesús, ayúdame, sálvame, sácame por favor de esta circunstancia, no puedo más, ¿por qué me tocó vivir esta vida? ¡Yo no quiero estar aquí! ¡No quiero esto, no me quiero morir todavía! Pero si vivo o muero, Tú ordenas, sigo creyendo en ti, por favor ten misericordia, sáname, no me sueltes y haz que mi salud se recupere. Gracias por amarme tanto, aunque no lo merezco." Lloraba sin consuelo, caían lagrimas por mis mejillas descontroladamente, solo esperaba en Su respuesta, anhelaba que mi historia fuera similar a la respuesta de Dios a Ezequías.

*"Por aquellos días Ezequías se enfermó gravemente y estuvo a punto de morir. El profeta Isaías hijo de Amoz fue a verlo y le dijo: «Así dice el SEÑOR: "Pon tu casa en orden, porque vas a morir; no te recuperarás"». Ezequías volvió el rostro hacia la pared y **le rogó al SEÑOR**: «Recuerda, SEÑOR, que yo me he conducido delante de ti con lealtad y con un corazón íntegro, y que he hecho lo que te agrada». Y Ezequías lloró amargamente. No había salido Isaías del patio central, cuando le llegó la palabra del SEÑOR: ⁵ «Regresa y dile a Ezequías, gobernante de mi pueblo, que así dice el SEÑOR, Dios de su antepasado David: "**He escuchado tu oración y he visto tus lágrimas. Voy a sanarte...**" Isaias 38:1-5 NVI*

Revelación en la oración

Fueron también a la clínica algunos "pastores" a orar por mí, de muchas maneras, a veces dando gritos o temblando, obviamente con las mejores intenciones, pero nada pasaba. Muy diferente la visita de nuestra amiga Lizette Ruiz, que vino a visitarme desde Arabia, donde vivía con su esposo, a pedirle a Dios por nosotros: por teléfono, antes del vuelo desde el continente asiático hasta Bogotá, le contó a Paola cómo Dios le había hablado en oración que yo reviviría, así como una pequeña flor en medio de un gigantesco desierto.

Paola seguía orando por mí. Luego me contaría un suceso que ocurrió un día mientras ella estaba a solas en la habitación de la clínica y haciendo una oración, empezaron a apagarse y prenderse las luces del cuarto, a oírse golpes en la pared. Yo, entre dientes, dormido e inconsciente, hice unos gruñidos muy extraños, a los segundos entró mi padre en la habitación y todas las luces se estabilizaron, me calmé inmediatamente. "Como una película de terror" y de no creer, me dijo Paola. Era evidente que continuaba en mí una lucha interna entre la enfermedad y la salud, entre la oscuridad y la luz, la muerte y la vida, el infierno y el Cielo; textualmente, dos mundos que luchaban entre sí por el Propósito que Dios quería cumplir conmigo y mi familia.

Luego de esa tarde, Paola, un poco cuestionada por lo que vio y muy inquieta, llamó a nuestra amiga Margot y le contó lo sucedido. Inmediatamente ella habló con el pastor de su iglesia, el pastor Tobías, director nacional de la Iglesia Cuadrangular de Colombia, ICC. Un hombre muy maduro, sabio y lleno de la Presencia de Dios, quien al oír lo que nos estaba pasando, se ofreció a ir a visitarme a la clínica y orar.

El día escogido mi suegra Gladis no podía cuidar a las niñas en su casa. Sin importarle y con decisión, Paola tomó a nuestras tres niñas y las llevó en taxi a la Fundación Santafé y le pidió el favor a la recepcionista que las cuidara mientras ella subía un momento a la cita que realmente iba a ser determinante.

El Pastor Tobías recuerda muy bien ese día.

Me contó que cuando llegó al hospital vio a Paola y a nuestras tres niñas pequeñitas en la recepción, muy tristes y angustiadas. Le pidieron que clamara a Dios por mi vida. El las motivó a creer en Dios, pues es Él Quien hace milagros y además les aseguró que el Señor Jesús estaba ahí.

Me dijo:

Las miré a las cuatro a los ojos y les dije:

- "El Señor Jesús nos va a escuchar".

Al momento se les iluminó la mirada con una luz de esperanza y fe.

Cuando ingresó en mi habitación y me vio, se dio cuenta en verdad que yo era un esqueleto, que reflejaba la muerte en toda mi humanidad.

PT: - "Al estar ahí sentí una profunda compasión por ti y supe que era la misma compasión que Jesús estaba sintiendo por tu vida".

Esa tarde entraron a mi habitación. Con una paz y tranquilidad absoluta el Pastor Tobías, luego de saludar, me dijo mirándome a los ojos: "Juan Manuel, llevo ocho días ayunando por usted, el Señor me dice que tiene que soltar ese pacto con Satanás." Nada de gritos, de voz temblorosa o show. Luego puso su mano entre mi pecho y cuello y oró por mí y añadió volviendo a levantar su mirada hacia mí:

"Tú, y tu casa le servirán al Señor".

Después volteó a mirar a Paola y le dijo:

- "Dios respalda tu fe, mujer".

No fueron más de 5 o 6 minutos y salió, quedando nosotros con paz y amor de Dios tan real, que lo que sentíamos era descanso en ese momento. Qué hermoso es recordar y ver que, para hablar con Dios, que Él nos oiga y venga Su Paz sobre nosotros, no es necesario gritar, usar muchas palabras rebuscadas o muy elocuentes para "tratar" de impresionarlo. Él no necesita nada de eso, solo un corazón humilde y dispuesto.

Encuentros Cara a Cara, desde la oscuridad hacia la luz

Esa misma noche, luego de que todos se fueron y quedé nuevamente solo, me dormí profundamente después de una breve oración. No sé en qué momento de la noche con exactitud tuve una visión, a manera de sueño, no sé si despierto o dormido en realidad, si fue solo en mi mente o en el espíritu, aún no sé exactamente de qué manera fue, pero sí sé que fue real lo que viví. Fue un encuentro con la muerte y luego con Jesús.

Estaba yo caminando en medio de un bosque muy oscuro, con árboles muy altos a los cuales se les caían las hojas, el piso estaba lleno de estas. Avanzaba poco a poco y subí una colina con escaleras de piedra, al llegar al final entré a una caverna, como una cueva grande y muy oscura, me iba adentrando lentamente y llegué a una habitación horrible donde hedía a podrido y a azufre. Estaba de pie frente a una silueta negra grande, como un bulto negro y hediondo, era la silueta oscura de alguien sentado en una silla alta de un trono. A ambos lados estaban dos antorchas de fuego en llamas ardientes y solo podía oír la respiración de ese ser que emitía ese asqueroso olor. Me temblaba todo el cuerpo, estaba aterrado. Un par de segundos ahí, en la habitación del mismo Satanás, abría mi boca y renunciaba a la muerte, renuncié a lo que tantas veces dije, e hice, procurar morirme. Renuncié a todo pacto con mi boca, deseo y decisión de buscar y desear muerte en mi vida. Con esa silueta aún inmóvil, como pegada a la silla sin poder acercarse a mí, di la vuelta 180 grados y empecé a salir de allí. Progresivamente se iba aclarando el paisaje hasta que finalmente vi una luz gigantesca, la luz de Jesús y ahí le dije: "yo creo en ti, Tú eres el Dueño de la vida, de mi vida, solo Tú Señor, haz de mi lo que tú quieras".

Un espíritu de muerte había en mi vida y estaba arraigado por todas las veces que con mi boca y mis acciones había deseado irme de este mundo, así fuera consciente o inconsciente de esto, por eso debo cuidar lo que expreso con mi boca, porque lo que deseo y sale de mi corazón a través de mis labios, también tiene el poder de traer vida o muerte a mi vida.

Un toque al borde de su manto

Dios vio mis lágrimas, tuvo compasión de mí y mi familia, ¡me llevó a libertad!, y me dio la Salud.

A partir del siguiente día inmediatamente empezaron a subir mis defensas, la medula comenzó a funcionar y a producir glóbulos blancos, con el paso de los días, casi que de inmediato, empecé a subir de peso, a poder comer por la boca, todos los medicamentos y drogas que me estaban dando en grandes cantidades, y que antes no hacían ningún efecto, a partir de ese día empezaron a funcionar de una manera inexplicable y súbita. Los Médicos estaban atónitos.

....

> «Yo soy el SEÑOR tu Dios. Si escuchan mi voz y hacen lo que yo considero justo, y si cumplen mis leyes y mandamientos, no traeré sobre ustedes ninguna de las enfermedades que traje sobre los egipcios. Yo soy el SEÑOR, que les devuelve la salud».
>
> **Éxodo 15:26 NVI**

....

Estoy totalmente convencido que un tratamiento médico únicamente funciona cuando Dios interviene sobrenaturalmente, de lo contrario, no hay nada que valga la pena. Muchos pacientes vi morir, a los cuales les suministraban lo mismo que a mí, por esto los doctores se sorprendieron del porqué y el cómo ocurrió este cambio tan repentino y mi mejoría progresiva; medicamente no tenían explicación.

Llenos de gratitud a Dios por Sus Milagros y Su intervención poderosa, Paola, nuestras hijas y yo, y por supuesto todos nuestros cercanos, estábamos asombrados y felices al ver nuevamente la mano de Dios en mi vida. Yo lloraba de emoción y le decía: "Gracias, Gracias Jesús por amarme tanto, por tocarme, devolverme la vida y poder ¡palparte!" Mis defensas subían de manera precipitada, la carga viral bajaba radicalmente de un examen a otro. Luego de 6 meses viviendo en el hospital al filo de la muerte con una lápida tan pesada de cargar causada por el VIH-Sida, nuevamente me encontraba con vida.

¡Después de haber gastado todo en médicos y tratamientos, por la Fe y su Misericordia, toqué el Borde de Su Manto, gracias mi Jesús! Dios es tremendo, ¡cómo actúa y no olvida sus promesas! Se estaba cumpliendo también la palabra de salud que me dio muchos años atrás, incluso antes de casarnos; el mismo día en que se hizo público en la iglesia mi contagio con Sida. Planes perfectos que siempre Él sabe cómo realizarlos.

....

"Por la fe en el nombre de Jesús, él ha restablecido a este hombre a quien ustedes ven y conocen. Esta fe que viene por medio de Jesús lo ha sanado por completo, como les consta a ustedes."

Hechos 3:16 NVI

....

Tendremos aflicciones y dificultades en esta vida, una promesa, pero viene una mejor: ¡confía, confía en Dios, quien te puede dar la victoria!

Fueron seis meses exactos del año 2010, del 9 de abril al nueve de octubre. En el último examen, antes de salir el resultado de carga viral y Cd4-Cd8 fue:

INDETECTABLE. (No hay presencia del virus del Sida en la sangre)

¡Gracias Señor, Porque Tú lo hiciste!

CAPÍTULO 10

Aun sin piernas, un milagro en el corazón

A otro ritmo

Se podía vislumbrar con muchos tonos de color verde, pasto, árboles, flores, gallinas cacareando, sin faltar el gallo despertador a las cuatro y treinta de la madrugada. Aire puro, sin trancones de carros, así fue como llegamos a la vida campestre a la que yo estaba acostumbrado desde pequeño. Ahora con Paola y las niñas acomodándose también, muy alegres de estar los cinco juntos; saliendo de la jungla de asfalto de Bogotá, a dejar el smog y los pitos y cambiarlos por el paisaje sabanero.

Después de haber perdido casi todo lo material, pero con lo más importante entre nosotros, la unión familiar, recuperando progresivamente mi salud, evidenciando a cada segundo el Amor de Dios y siguiendo en la lucha diaria por nuestra familia. Fue así como llegamos a Cota, Cundinamarca, a un apartamento en la zona de Pueblo Viejo, en un segundo piso de una casa campestre rodeada de naturaleza. Teníamos la necesidad de encontrar un ritmo de vida diferente; más tranquilo, totalmente nuevo y más manejable en el aspecto económico. Una vida más sencilla y de mejor calidad, dependiendo de lo que día a día Dios nos trajera. Agradecidos con Dios por todo lo que había hecho y dándonos cuenta que ahí no paraba todo, aun había mucho por lo cual vivir, superar y afrontar, siempre viendo Su Ayuda y Trato.

Ven a comprar pan sin dinero

Continuaba en mis controles mensuales, recibiendo el Factor VIII de manera profiláctica (preventiva tres veces por semana). Un poco delgado aún, seguía recuperando peso progresivamente a medida que me nutría mejor e iba comiendo toda clase de alimentos. Paola nos daba la mejor comida, con la mejor receta: amor. Yo permanecía en la casa todos los días intentando volver a caminar o lograr recuperar un poco de movilidad en mis dos rodillas que estaban muy adoloridas y, en efecto, endurecida. El haber estado en cama esos seis meses prácticamente sin hacer ningún movimiento o ejercicio, sobre todo de mis miembros inferiores, ocasionó que las dos rodillas que ya no eran mías, sino prótesis internas artificiales (en las dos tenía reemplazo total de rodilla), quedaran como "pegadas" o trabadas con muy poco ángulo de movimiento y con muy poco músculo. Caminaba escasamente o, mejor aún, me arrastraba con las muletas y los dos pies juntos rozando contra el piso, los deslizaba de atrás hacia adelante para desplazarme. El intentar flexionar un poco las rodillas, era muy difícil y doloroso, además que, aun estando quieto, las prótesis, siendo un cuerpo extraño en mi cuerpo, se me inflamaban llenándose de sangre y nuevamente tenía hemorragias. Trataba de caminar y casi no podía, un dolor terrible me invadía; me frustraba, peleaba, lloraba, me calmaba y continuaba intentándolo. Allí estaba otra vez, pidiéndole a Dios fortaleza para hacerlo, sacaba mi mejor actitud y voluntad para esforzarme y darle mi mejor resultado, hasta quedar agotado y sentado por el dolor. Por esto, y porque seguía mi recuperación, prácticamente no podía trabajar, no teníamos dinero y Paola estaba haciendo lo mejor en su trabajo como mamá, esposa y cuidándome a mí. Ella empezó a vender productos por catálogo. Tuve que vender mi teclado (con el que me electrocuté). Me ponía en la tarea de llamar por teléfono y brindaba mis servicios de productor para hacerlo desde la casa, o bien, para dictar clases de piano, pero nada resultaba. Dios tratándonos aún más la dependencia de Él.

Orábamos por las noches con las niñas, después de que Paola les leyera una historia de la Biblia se quedaban dormidas. Una mañana, Cata que tenía 3 añitos y medio se despertó y nos dijo con su tierna vocecita:

"Mami, papi, anoche soñé con Jesús".

- "Qué lindo Cata". – le respondimos.

Se sentó a mi lado y me dijo que no nos preocupáramos, que unos días íbamos a vivir y comer sin comprar nada.

"No nos va a faltar nada", añadió. Y sonrió.

Esa carita iluminada, reflejaba nuevamente el Amor de Dios, el cual no nos dejaría. Inicialmente no le prestamos mucha atención a su comentario, fue un lindo sueño y nada más, pensamos en ese momento. Pasaron los días y así fue lo que literalmente ocurrió durante un tiempo, Dios usó muchas formas y personas para proveernos. ¡Gracias Señor! Mis padres nos regalaron un sofá en ele y un camarote triple para las niñas, nos ayudaron a adecuar la nueva casa. La familia Zuluaga por parte de mi mamá, hizo un fondo de ayuda en el cual mensualmente nos daban un dinero con el cual cubríamos lo básico de servicios, arriendo y lo del lindo jardín infantil La Pizarra en Cota, en el que Juana, Cata y Pau estuvieron un tiempo aprendiendo y creciendo. Recuerdo verlas con sus sudaderas hermosas, como si nada pasara, una fortaleza y tranquilidad preciosa en ellas. Mucha gente, conocida y desconocida, nos enviaban mercados que llegaban a la puerta de nuestra casa sin saber por qué. Gladis, los hermanos de Paola y su familia también nos ayudaron mucho. Nos enviaban cajas de ropa -hermosa- desde Estados Unidos para las niñas.

Tal cual fue el sueño de Cata, Nos sostuvo la Mano de Dios, vivíamos por Su Misericordia.

....

»¡Vengan a las aguas
todos los que tengan sed!

¡Vengan a comprar y a comer
los que no tengan dinero!
Vengan, compren vino y leche
sin pago alguno.
Isaías 55:1 NVI

El Megáfono

Pasados unos meses, un día continuando mi deseo de volver a ser productivo, recibí una llamada de una persona del pueblo a la cual le habían dado mi número telefónico, para que le produjera unas cuñas.

Llegó Trabajo en publicidad… ¡Me puse feliz!

Era el perifoneador de publicidad de Cota. Un personaje de tez blanca, no recuerdo el nombre, pero con la decencia y sencillez característica de los pintorescos habitantes campesinos de nuestro hermoso país. Él salía con su bicicleta voceando y ofreciendo varios productos a todo pulmón con su megáfono, y ahora se había modernizado queriendo hacer su publicidad pregrabada, más profesional porque había actualizado su bicicleta a un carrito de pedal más grande.

"Repuestos para la lavadora..." "Mandarina por tan solo mil pesos".

O publicidad con un target más específico:

"Droguería la especial, donde consigue todo y deja de sentirse mal".

Hablamos personalmente y no tuvimos necesidad de cotizaciones o procesos a los que estaba acostumbrado antes en las agencias de publicidad. Fuimos muy concretos en la negociación.

Después de años atrás haber cobrado fácilmente por producción de una cuña, una buena suma de dinero, llegamos a un acuerdo:

Cuñas a $10.000 pesos cada una.

Dios estaba probando mi corazón, la dependencia de Él y la humildad. Trabajando mi orgullo, que también ha sido aplastado poco a poco, viendo mi actitud y examinando yo qué iba a hacer. Tenía dos opciones, decir: "no, eso es imposible, lo que yo hago vale mucho más," lo cual es cierto o aceptar y ver la posibilidad de trabajar y traer algo de sustento para mi casa. El trabajo siempre será dignificante y sí que lo necesitábamos, así fueran esos $10.000 pesos, en esa circunstancia eran muchísimo, significaba decidir y esforzarme por ser el proveedor de mi familia y poder traer más leche, más pan o frutas, sin sacar ninguna excusa o justificación. Inmediatamente comenzamos con él a realizar su publicidad. Con esos treinta o cuarenta mil pesos que llegaron cada semana durante unos meses, podíamos hacer un mejor mercado o completar para pagar los gastos. Sobrenaturalmente rendía el dinero, Dios seguía sosteniéndonos con los recursos que llegaban. Cada día a la vez, cada amanecer con su propio afán. Él es especialista en ver las intenciones reales en nuestro corazón.

Debemos afrontar la vida tal cual está y no escondernos esperando a decir: "afuera está muy difícil, no hay nada para mí, no encuentro qué hacer o dónde trabajar" o "nadie me da trabajo". Dios ve nuestra actitud de querer salir adelante y el deseo que demos lo mejor a nuestras familias. Así abrirá Sus Ventanas de sustento y bendición.

¿Cuál es nuestra actitud y decisión de salir en medio de la circunstancia adversa y vivirla entregando lo mejor de nuestro esfuerzo?

*Ya te lo he ordenado: ¡**Sé fuerte y valiente**! ¡No tengas*
miedo ni te desanimes! Porque el SEÑOR tu Dios te acom-
pañará dondequiera que vayas».

Josué 1:9 NVI

Es una orden, un mandato. No te dice: "Siéntete" valiente, ¡se
valiente, da el paso y esfuérzate!

Volvían las dificultades

Continuaban pasando los meses del 2011. Finalmente, luego de
un par de años en trámite, a finales de mayo, por fin salió la reso-
lución de mi pensión por invalidez del Seguro Social. Ahora, con
un salario mínimo fijo adicional todos los meses, estaba mejoran-
do progresivamente el panorama de nuestra situación económica.

Mas organizados, y yo con algo más de fuerzas, empezamos
a asistir a una iglesia en Cota, quedaba en el piedemonte de la
montaña, en la ladera de un cerro contiguo al centro del pueblo.
Con Paola y las niñas que brincaban por todos los lados y no se
quedaban quietas ni un segundo, íbamos los domingos, yo con
mis dos inseparables muletas y arrastrando los pies, con mucho
esfuerzo subía y bajaba esa pequeña cúspide hasta llegar al sitio
de reunión.

Todos estábamos contentos de volver a congregarnos en algún
sitio. Allí conseguí dos alumnos para clase de música; después
de mucho tiempo sin hacerlo, pude volver a tocar el teclado en
algunas de las reuniones de los domingos.

Llegó el Segundo semestre de ese año, mis piernas no mejora-
ban y seguía sin poder doblar las rodillas. Me dolía mucho más la
rodilla izquierda que la derecha, se inflamaba y era insoportable.
Una noche, antes de dormirse Paola, estando yo dormido, vio a
media luz a un niño pequeño, rubio, que salía de la cabecera de la
cama y bajaba hacia mis pies, este empezaba a halarme desde las

piernas hacia abajo, alternando sus brazos como tirando de una cuerda imaginaria desde mi cadera hacia afuera. Nunca supimos bien qué fue eso.

En los días siguientes, subía la presión de la sangre en mis rodillas, nuevamente me tuvieron que dar medicamentos para el dolor, el Tramadol ya no funcionaba casi, entonces empezaron a formularme Oxicodona (este es un medicamento opiáceo aún más fuerte y con mayores posibilidades de ser adictivo). Salía de los controles médicos y llegaba a mi casa muy pensativo; me sentaba y veía mis piernas como dos palos muy delgados y las rodillas sumamente infladas. El dolor no cesaba. Para que bajaran un poco el dolor y la inflamación, me ponía hielo y vendas muy apretadas. Miraba mis dos piernas, lloraba y me deprimía de verlas ya casi inservibles. Con este panorama y por toda mi dificultad de movilidad en ir y venir a las diferentes citas médicas y controles, había vuelto a empezar a ser muy dependiente de mis padres, pues ellos me llevaban y traían. La relación que tenía con ellos en momentos de esa época no era bien manejada, yo no tenía claras mis prioridades y no poseía el carácter definido para darle siempre el primer lugar a mi esposa, sino que resultaba colocando más importancia a la opinión de ellos en varios casos. Ese fue un grave error que luego tendría otras consecuencias.

Dolor por lado y lado

A comienzos de agosto, María Paula ya, habiendo terminado en su jardín infantil, entraba al colegio. Se nos seguía creciendo Pau. Entonces tomamos la decisión de matricularla en el Nuevo Gimnasio Cristiano, a las afueras de Cota. Estaba muy feliz de poder entrar a su colegio grande, como ella decía.

Días después, ya en octubre, tuvimos que cambiarnos de iglesia, nos despedimos de los pastores y resolvimos ir a congregarnos en la iglesia Casa Sobre la Roca de Cota, que funcionaba los domingos en las mismas instalaciones del colegio NGC (colegio de la misma iglesia).

A María Paula, que ya había cumplido 5 años el primero de agosto, teníamos que ponerle la respectiva vacuna de esa edad para continuar con el esquema normal. Fuimos al centro de Cota, donde se estaba llevando a cabo una jornada gratuita. Luego de llorar un poco, como era habitual en ella, se la pusieron en su bracito. Pasaron unas horas y Pau empezó a sentirse mal, a llorar mucho y a quejarse, entonces le dimos medicamento para el dolor y averiguando con amigos que tenían hijos de la misma edad, nos dijeron que eso era normal después de esa inyección, así que no le pusimos mucho cuidado a sus llantos.

Pasado el tiempo siguió quejándose toda la noche sin dormir. Al día siguiente lloraba y continuaba quejándose, diciéndonos que le dolía mucho; nada de lo que le dimos la pudo calmar. Muy preocupados, llamamos a mi papá para que nos ayudara y Paola se fue con él, primero a la clínica de la Universidad de la Sabana, a pocos kilómetros de Cota, a que la revisaran porque no sabíamos qué le pasaba.

"Eso debió ser una reacción normal a la vacuna", decíamos.

Yo me quedé con Cata y Juana, mientras tanto, en la casa.

Le realizaron unas pruebas preliminares, pero al ver lo mal que estaba Pau, inmediatamente la trasladaron de urgencias para la clínica San José Infantil en Bogotá, ahí la ingresaron muy rápido, le realizaron más exámenes y le descubrieron que era pancreatitis. Dios mío, ahora nuestra Pau, tan pequeña e indefensa, estaba tan mal que incluso dijeron los médicos que se podía morir. La pancreatitis (infección e inflamación en el páncreas) es muy grave y más aún en niños tan pequeños. Inmediatamente quedó hospitalizada ese viernes de octubre, lista para que ingresara lo más pronto posible a sala de cirugía. Paola estaba con ella sola y yo en la casa con las niñas, ambos, a la distancia, pidiéndole al Señor por la vida de nuestra hija.

Esa misma noche a mí se me agudizó el dolor en la rodilla izquierda de una forma progresiva. Hacía unos días había empezado a salir en esa mi rodilla-prótesis izquierda como una pequeña protuberancia, una fístula (un quiste extra articular generalmente causado por una infección), que supuraba un poco de sangre. A la mañana del sábado fue tan insoportable el dolor y la inflamación por la hemorragia en esa rodilla, que tuvieron que llevarme mis padres a urgencias del Hospital San José Centro, no sin antes llevar a Cata y a Juana donde Gladis, mi suegra y dejarlas con ella. Tenía la rodilla a punto de estallar. Qué cuadro tremendamente duro, qué ataque y lucha tan difícil. No nos explicábamos por qué las cosas transcurrían de esta manera: "¿Dios mío, qué pasa?" María Paula el viernes hospitalizada con pancreatitis en un hospital con riesgo por su vida y el sábado, al mismo tiempo, yo igualmente hospitalizado en otro lugar muy lejos, con esa rodilla estallándose de la inflamación y el dolor. Muy difícil y complejo para todos, pero sobre todo para mi amada esposa, que le tocó correr en diferentes direcciones, de una clínica a otra viendo a su hija así y a mí con el problema de la rodilla. ¿Cómo seguía sacando fuerzas y Fe mi esposa? Era el Señor que la fortalecía de una manera sobrenatural; de nuevo reflejando como Dios la hizo y puso en ella: amor, fe, esperanza, determinación, en fin... Mi esposa Paola a quien amo con todo el corazón.

"Primero fue tuya que mía"

San José Infantil, sábado en la mañana. Intervinieron a María Paula. Ya en sala de cirugía, le realizaron toda la intervención pertinente que consistía, entre otras cosas, en extraer sus intestinos, lavarlos, desinfectarlos y esperar cómo reaccionaría su organismo. En esa misma operación aprovecharon y extrajeron el apéndice para prever una infección adicional. La pasaron a cuidados intensivos, dándole antibióticos y medicamentos para controlar la infección. Paola recuerda que, al verla tan indefensa en su pequeña camilla, lloraba y le decía a Dios en oración:

"Señor, primero fue tuya que mía, te la entrego".

Yo, sin poder hacer algo desde el otro hospital, le pedía a Dios también por Pau, que hiciera un milagro, que nos la dejara con vida y bien. Nuevamente, en medio de esa situación tan compleja, el Señor nos llenaba de fe recordándonos:

"...No temas, no tengan miedo, yo SOY TU DIOS, los llevo en Mis Manos".

Luego de volver a examinar a Pau, por medio de un Tac con contraste, determinaron que la pancreatitis fue provocada por la vacuna que le colocaron. En oportunidades, en lotes grandes salen algunas cepas que pueden causar ese tipo de reacciones en algunos organismos. Muy desafortunado y penoso, pero finalmente a los 11 días, después de una recuperación asombrosa, María Paula salió del Hospital San José Infantil perfectamente, sin rastro de pancreatitis, e inclusive después de los múltiples exámenes realizados y sus antecedentes familiares, quedó nuevamente reconfirmado que su condición de VIH era negativa.

Acostado con el Muerto

Al otro lado de la ciudad, mientras pasaba lo de Pau esos 11 días, yo continuaba hospitalizado en el hospital San José Centro, con excelente atención, ya que allí está centralizado todo el tratamiento para los pacientes hemofílicos del Seguro Social. El sector no es el mejor en temas de seguridad, rodeado de una zona muy compleja y que poco a poco la han venido recuperando, pues era un sector de tolerancia rodeada de habitantes de calle, vendedores ambulantes y problemáticas de todo tipo.

Cuando Paola iba a visitarme, debía entrar afanosamente al hospital, aceleraba el paso y llegaba asustada a mi habitación a contarme su travesía. Estuve aproximadamente mes y medio allí. La inflamación y el dolor de mi rodilla izquierda no bajaban con nada, solo lograban controlarlo un poco nuevamente con medicamentos opiáceos y muchísimo factor VIII. Mientras pasaban los días y los médicos definían qué hacer, continuaba con mi lucha y batalla de fe continua en mi vida, le decía a Dios:

"Padre mío, ayúdame, me duele mucho Señor, no quiero quedarme sin caminar, solo haz lo que Tú quieras conmigo".

Me hicieron radiografías, resonancias, densitometrías del estado de mis huesos y muchos más análisis; de esta manera pudieron determinar que la primera prótesis que llevaba en mi cuerpo desde el año 96, se había infectado y estaba con materia por dentro; se encontraba totalmente desgastada y deshecha, había llegado al límite de su vida útil.

-"¿Por qué está infectada, doctor?" le preguntábamos.

La bacteria intrahospitalaria que contraje en los seis meses en la Santafé, el coco bacteriano, quedó rondando por mi organismo en el torrente sanguíneo y como tuve a lo largo de ese proceso de recuperación dos infecciones en el trigémino (oídos–garganta-nariz), más específicamente en la garganta, que requirieron muchos antibióticos, la bacteria, al tratar de reproducirse buscó algún cuerpo extraño en mi cuerpo y ahí se alojó. De las dos prótesis escogió primero la izquierda. Por otro lado, mis huesos estaban en un muy alto nivel de osteoporosis, por lo cual no me podían colocar otra prótesis a cambio. El fémur, tibia y peroné no tenían la consistencia ósea para resistir una nueva intervención e implantación de otro remplazo artificial. Luego de la junta médica decidieron, no teniendo más solución, retirarme la prótesis. Al ser extraída, mi pierna izquierda iba a quedar inservible.

Todo estaba listo para ingresar a la sala de cirugía. Mi esposa Paola orando por mí, Pau ya en la casa con ella y sus hermanitas, Gladis y mis padres a la expectativa también. Ya todo estaba dispuesto, yo portaba la bata azul, junto con el gorro y acostado en la camilla, me llevaron al pasillo de antesala donde están los diferentes quirófanos. Mi mente y mi corazón daban vueltas, entré orando como siempre, diciéndole a Dios que me fortaleciera: "yo quiero volver a caminar, mi Dios". Oraba con la promesa de Isaías: "Yo te sustentaré, Yo te sostendré, no te dejaré, te fortaleceré con mi mano derecha." Al decir eso, me veía en mi mente sostenido por los brazos de Jesús, seguía orando y decía: "Señor, no te dejaré hasta que no me bendigas, no te soltaré". Mientras decía todo esto en voz baja, empecé a oír que se acercaba un médico empujando una camilla con un hombre acostado del que solo se alcanzaba a ver la cabeza. No sé por qué, pero en el trayecto de esa camilla por el corredor donde yo estaba a un lado, hicieron una pequeña pausa y dejaron al paciente que se veía muy pálido justo a mi lado unos segundos y con toda su cabeza destapada mirando hacia el techo. Al darme cuenta de esto, volteé mi cabeza 45 grados para mirarlo y me di cuenta que se encontraba muerto. Me impacté tanto, que me puse aún más nervioso, él estaba totalmente amarillo, sin vida, con los ojos cerrados, absolutamente inmóvil. Pasaron unos pocos segundos y el médico subió la sabana desde el torso hacia la frente tapándole toda la cabeza, antes de seguir su lamentable recorrido hacia la morgue. Mi cabeza empezó a volar nuevamente, en mi corazón sentí mucho dolor y angustia, no solo por mí, que podía estar al borde de una situación similar en unas horas, sino por él, y pensar que su familia estaría afuera esperando la noticia de que su familiar salió vivo, pero no, ahora iban a recibir esta triste realidad.

Nuevamente orando y ahora con lágrimas, le dije a Dios: "Padre mío, mi vida no es mía sino Tuya, pase lo que pase sigues siendo Dios, no te soltaré." Continué hablando con Él y pude sentir una paz y convicción en mi corazón de que todo lo que había pasado, estaba pasando y faltaba por suceder, era para Su Plan perfecto. Allí recordé la promesa que hace tiempo atrás me había regalado en lo profundo de mi corazón, que le serviríamos a Él como testimonio, y no solo yo, sino los cinco como familia. Finalmente, en esos pocos minutos antes de entrar a mi intervención, finalicé mi conversación con Dios diciéndole: "Padre mío, no te soltaré hasta que no me bendigas, y si tu bendición es diferente a lo que yo quiero, aun si no lo haces, si no puedo volver a caminar, eres mi Dios, te amo y sigo creyendo en ti".

Aunque la higuera no florezca,
ni haya frutos en las vides;
aunque falle la cosecha del olivo,
y los campos no produzcan alimentos;
aunque en el aprisco no haya ovejas,
ni ganado alguno en los establos;
[18] ***aun así, yo me regocijaré en el SEÑOR,***
¡me alegraré en Dios, mi libertador!
[19] *El SEÑOR omnipotente es mi fuerza;*
da a mis pies la ligereza de una gacela
y me hace ..(y ¡me hará!) caminar por las alturas.
Habacuc 3:17-19 NVI

En cuatro ruedas

Salí de la cirugía a recuperación, un par de semanas más ahí en el hospital, hasta completar el mes y medio que permanecí hospitalizado. De nuevo Paola tenía que librar batallas sola, en esta oportunidad buscar una nueva vivienda en Cota, no había muchas opciones, tenía que ser obligatoriamente una casa o apartamento de un piso, o en su defecto, con un cuarto amplio y baño en la primera planta, por mi nueva condición.

Los médicos nos reunieron en el hospital y nos explicaron que definitivamente iba a permanecer en silla de ruedas por el resto de mi vida. La pierna izquierda, sin tener rodilla no me servía para nada, no tenía punto de soporte, no le pudieron poner nada más. La pierna derecha, que igualmente tenía otra prótesis bloqueada, no poseía ni la fuerza, ni el ángulo de movimiento para poder ser útil y así lograr usar un par de muletas para apoyarme en ellas y caminar. Teníamos que entender y aceptar que ahora mi vida, nuestra familia, tendría a su papá en cuatro ruedas. Otra noticia difícil, otro proceso de adaptación. Lloré mucho, Paola como siempre muy fuerte y columna de soporte para nosotros, aunque como todo ser humano también vivía momentos de angustia. Empecé a deprimirme, ¡luchar! Eso no quería, yo no busqué ni pedí esto, el pensar que iba a quedar como "inválido" me producía muchas preguntas. ¿Qué voy a hacer ahora? Peleaba con esta nueva realidad. De la Mano de Dios, luchando contra viento y marea, salimos del hospital a la nueva casa en Cota. Paola y yo durmiendo en el primer piso en un cuarto y nuestras tres hijas en el segundo nivel al cual yo no podía subir. Tuvimos que acomodarnos a la presencia de una enfermera durante el día para que me ayudara en todos mis desplazamientos y actividades diarias que no me eran sencillo desarrollar. Mis primeras cuatro ruedas fueron las de una silla de ruedas convencional, la cual esta enfermera empujaba y me trasladaba de un lado a otro. Fue una ayuda durante un tiempo, porque Paola no podía con todas sus múltiples labores de mamá, esposa, oficios de la casa y pendiente de mí, no podía estar más sobrecargada.

Recuerdo que en esa casa, que jocosamente llamábamos la "vecindad del chavo," porque la entrada era un corredor largo y llegaba a un pequeño patio donde habían tres puertas correspondientes a diferentes viviendas de tipo "vecindad," debí bañarme durante un tiempo todos los días en un patio frio muy pequeño con una taza. El agua estaba congelada, debía ser así porque no podía entrar fácilmente al baño, tampoco podía ingresar a hacer mis necesidades solo, debí volver a usar pañales por un tiempo.

Otro nuevo comienzo, muy diferente, viendo la vida sentado desde una silla, en cuatro ruedas.

Por más fe que tuviera y orara o me acordara de las Palabras de Dios y Sus Promesas que era lo único que me sostenía, tenía una montaña rusa de emociones, caía y me levantaba, llegaban pensamientos de todo tipo y empezaba a vivir muy abatido y apocado.

Cadena de sentimientos

Empezaba el 2012 donde constantemente se hablaba del famoso tema, inclusive en las películas de Hollywood: "El mundo se va a acabar, llegó el fin del mundo." Profecías mayas o aztecas, miles de especulaciones que rondaban por algunos medios de comunicación, noticias extrañas, pensamientos fatalistas y apocalípticos, pero nada sucedió. Cada quien tiene su fin del mundo cuando se muere y va a la Presencia de Dios y de ahí a la eternidad, la pregunta es: ¿en dónde la vamos a pasar? "A todos nos sonreirá la muerte en algún momento, solo debes estar preparado y saber cómo devolverle la sonrisa". Dentro de mi corazón, poco a poco iba sintiendo que un "final del mundo" llegaba para mí, como acercándome a una etapa definitiva, pues habían pasado tantas cosas difíciles, horribles, devastadoras, también muy felices, buenas y milagrosas. En medio de todas siempre Dios estaba mostrando Su Amor, Soberanía y Compasión por mí y mi familia, pero aun así seguía viendo y sintiendo en mi cuerpo la evidencia dolorosa de la hemofilia. "Te pido que esto acabe, Señor." Intentaba devolverle la mirada a la muerte que sentía en mis piernas y al mismo tiempo sonreírle a la vida; vida que seguía sintiendo que se me escapaba por la planta de los pies.

Vivía muy deprimido y abatido sintiendo que me iba hundiendo poco a poco.

En esos estados de ánimo, no reconocía en qué lugar se encontraba Dios en mi vida. Tenía una doble vida, tratando de aparentar que estaba bien, pero internamente muy mal; era una incoherencia total y me escapaba a refugiarme en la autocompasión y los medicamentos que me seguían suministrando mensualmente. Continuaba teniendo anhelos y expectativas, mis plegarias seguían siendo direccionadas a Jesús; pero luego me dejaba llevar por la depresión y la melancolía. No podía o no quería salir de esa situación, ¿dónde había quedado la fe? ahí estaba, pero muy olvidada. Por momentos se me refundía y me perdía en mí mismo.

En el trascurso de ese año estuvimos asistiendo a la iglesia Casa Roca, todavía ubicada en el colegio NGC. Pude, en medio de mi realidad, empezar a dictar unas clases de piano en la Casa de la Cultura de Cota. Ingresé en la iglesia al ministerio de alabanza a tocar el piano los domingos; a los pocos meses, por una tutela que debimos interponer, me entregaron mi primera silla de ruedas Tipo Scooter, una pequeña moto muy útil y funcional, que en realidad produjo un cambio sustancial en mi movilidad. Dejamos de necesitar la enfermera acompañante, ya que pude volver a realizar algunas cosas por mi propio esfuerzo. Con esta silla me movía por el primer piso de la casa y salía al pueblo a dictar mis clases, tratando de superar mis dolores y complejos internos. También me esforzaba para proveer económicamente a mi hogar, pues era obvio que los gastos subían, lo normal de una familia de cinco integrantes con niñas creciendo. Aparte de las clases de música, llevaba unos frascos aromatizantes por todo el pueblo vendiéndolos puerta a puerta para conseguir ingresos adicionales.

Como siempre Dios, por su inentendible e incomprensible misericordia y fortaleza, continuaba trayendo cosas buenas en medio de las dificultades, como dice el adagio popular, "unas son de cal, otras son de arena", nunca todo es malo, siempre hay bendiciones y cosas buenas que llegan a lo largo de las dificultades, hay que aprender a enfocar nuestra mirada en ver más lo bueno que lo malo. El Señor seguía sosteniéndonos en sus Manos. Eran los momentos en los cuales volvía a la oración en mi corazón, me recordaba Sus Promesas diciéndome:

«Olviden las cosas de antaño;
ya no vivan en el pasado.
¹⁹ ¡Voy a hacer algo nuevo!
Ya está sucediendo, ¿no se dan cuenta?
Estoy abriendo un camino en el desierto,
y ríos en lugares desolados.

Isaías 43:18-19. NVI

"¡Señor, haz que pronto acabe todo esto! Sácame de estos desiertos y cárceles que no aguanto, no puedo caminar, pero tú marcas el ritmo, marcarás mis pasos y mi camino".

2013, cuenta regresiva

Acababa de pasar la Navidad, las niñas habían jugado a disfrazarse de princesas, con gafas, pañoletas, collares, anillos de juguete, todo encima de sus pijamas, muy felices siempre.

Nunca nos acostumbramos a los "efectos especiales" que oíamos en ese lugar del lado de nuestra casa. Inicialmente creíamos que era alguien jugando basquetbol. Luego de conocer un poco más el vecindario, nos dimos cuenta que nuestra casa colindaba con unas canchas de tejo y que ese sonido era cuando pisaban la greda antes de poner las mechas para luego comenzar la partida. Oíamos también la pólvora estallando y los gritos al otro lado de la pared. Lo más normal era que lo jugaran los viernes y sábados en la tarde y noche. Luego de la pólvora, los domingos dicho lugar se convertía en gallera, con los respectivos gritos a todo pulmón de los apostadores, que alcanzaban a oírse a través del muro.

Aparte de la incomodidad debido a nuestros vecinos, los dolores de mi rodilla derecha no me dejaban vivir en paz. Se intentó recuperar esa articulación o por lo menos manejar mejor el dolor y la inflamación con la ayuda de un amigo médico, quien me hacía unas infiltraciones en la articulación, pero esta seguía empeorando progresivamente.

De nuevo me encontraba en las luchas con el dolor emocional y físico junto a las batallas espirituales. Sentía lástima de mí mismo y buscaba que los demás sintieran por mí lo mismo. Vivía varias incoherencias en mi comportamiento, y como continuaban mensualmente recetándome oxicodona para controlar los dolores de la pierna derecha, recaía en las depresiones y hemorragias a refugiarme en los medicamentos del dolor, en la frustración y desesperación. Pero realmente no había, ni era ningún refugio, todo era una mentira total, se iba convirtiendo en una cárcel de la cual no podía escaparme. Nuevamente no podía realizar casi nada si no estaba con esos medicamentos en mi cuerpo.

"Pues todo lo secreto tarde o temprano se descubrirá, y todo lo oculto saldrá a la luz y se dará a conocer a todos."

Lucas 8:17 NTV

Un domingo de marzo de ese año 2013, por alguna razón que no recuerdo fui solo a la iglesia. Paola y las niñas se quedaron en casa. Estando yo a pocos minutos de subirme con mi silla de ruedas a tocar el piano en la alabanza, recibí una llamada de Paola a mi celular, estaba furiosa y con toda la razón, en esa semana yo había sacado una tarjeta de crédito sin contarle, ella la había encontrado en mi maleta que había revisado por sugerencia también de los médicos, porque las personas con ciertos antecedentes de dependencia a medicamentos adictivos de este tipo, se acostumbran a decir mentiras y a manipular para justificar su comportamiento.

- "¿Por qué haces cosas a escondidas?" "¿Cómo eres capaz de subirte a un púlpito a cantarle a Dios haciendo esto?"

Yo, en medio de esa vida doble, por la causa que fuera, nunca justificable, lo médicamente dopado que me encontraba, mezclado con el dolor y la inflamación de la rodilla y la depresión constante, pero con una arrogancia y prepotencia total, sacando excusas le respondí:

"Si alguien me baja de acá, es mi Pastor".

(¡Dios mío!, qué orgullo y arrogancia tan tremenda la mía)

Sin llegar aun a la casa, Paola se arrodilló en la cocina y le clamó al Señor con todo el corazón:

"Yo no puedo más, si Tú no haces algo, no sé qué va a pasar acá, estoy desesperada."

Mándale saludos a Jesús

Horas después llegué a mi casa y en el trascurso de esa tarde, empezó a inflamarse aún más la rodilla derecha de la manera más absurda. Llamamos de urgencias para que me fuera suministrado factor VIII por la hemorragia tan grande, fueron y me lo pusieron, pero no hubo mejoría. Pasaban las horas y la piel ya estaba muy oscura, negra en la articulación, tan tensionada que era un negro "brillante". Por un lado de la prótesis salió aún más la protuberancia, era la característica evidente que también estaba fistulada e infectada esta rodilla derecha. Yo sentía como si me aplastaran la articulación. A los segundos siguientes parecía que fuera a estallar, gritaba del dolor en una agonía que nunca antes había sentido. Empezamos a llamar una ambulancia para que me hiciera el traslado al hospital San José, pero no aparecía ninguna, estuve tres días en mi cama soportando el dolor, con la rodilla que no cedía y esperando una respuesta. Al fin apareció una. Finalmente me transportaron en esa ambulancia medicalizada, con las condiciones para poder trasladarme al centro de Bogotá, en la madrugada del último miércoles de marzo de 2013. Cuando iba en camino, Paola, que por obvias razones tuvo que quedarse en casa con las niñas, cuenta que cuando cerró la puerta de la casa, entró a nuestro cuarto y teniendo la mirada hacia abajo, vio que debajo de la cama salía un pequeño papelito, una de esas promesas bíblicas. Lo levantó para leerlo y decía:

Pues yo sé los planes que tengo para ustedes —dice el Se-ñor—. Son planes para lo bueno y no para lo malo, para darles un futuro y una esperanza.

Jeremías 29:11 NVI

Dios mismo nuevamente hablándonos y sosteniéndonos con Su Palabra, trayendo Su Misericordia y Fidelidad que permanece siempre para recordarnos que, por difícil y oscuro de cualquier panorama, Él tiene el control. Durante todo el viaje en la ambulancia lo único que yo hacía entre gritos y llantos, era orar y poner mi confianza en Dios.

Al día siguiente, con el dolor más insoportable, sobre las 10 de la mañana, estaba entrando a sala de cirugía para retirarme la prótesis infectada y controlar la hemorragia. En el trascurso de esas horas yo no pensaba nada, solo en el dolor que sentía, estaba mal, solo lloraba, me quejaba, no podía hacer más. Entre esos lamentos le decía a Dios: "por favor, ya no más, ya no más" quería huir de todo esto, pero era imposible. Ahí estaba sin poder hacer nada.

En esa primera intervención, me retiraron la prótesis y la dejaron igualmente que la otra pierna, sin prótesis ni articulación. Limpiaron la infección en los huesos, pusieron mucho antibiótico por dentro mientras se definía qué se podía hacer.

Pasaron unos días, seguían administrándome medicamentos para el dolor con bomba de morfina y vía intravenosa varios antibióticos, pero no me bajaba la fiebre ni el dolor; luego se dieron cuenta que la herida de la cirugía estaba infectada también. Tuvieron que volver a pasarme a sala e intervenirme nuevamente para quitar toda la materia y el pus que seguía multiplicándose por dentro. De allí me pasaron al cuarto y comenzaron un esquema más agresivo intravenoso, con los antibióticos más avanzados que había en ese entonces, pero estos no produjeron ningún resultado. Mi condición y la de esa pierna seguían incontrolables, aumentando la infección en lugar de disminuir. En medio de esa situación tan angustiante e impotente, me quería escapar nuevamente, deseaba salir corriendo de la vida y de ahí, no podía casi moverme, no quería afrontar nada de esto, no me sentía capacitado para afrontar esta realidad. Creo que me estaba enloqueciendo con la realidad, llegando a tener comportamientos tan absurdos y destructivos, sin medir ninguna consecuencia, solo por el hecho de no querer sentir más dolor, escapar y huir. Una tarde, en la clínica abusé de una bomba de morfina, forzándola para que ingresara más rápidamente.

Ahora me estaba convirtiendo no solo en un problema para mi esposa e hijas, para mi familia, sino también para el hospital, llegando al punto que la siquiatra que estaba tratando mi caso le dejo a Paola:

"¿Por qué está con Juan Manuel?" "Es mejor que lo deje, su situación se está volviendo inmanejable, siga sola su vida normal".

Pasaron unos días más e hicieron una Junta médica con Paola, mis padres y yo, ahí en mi habitación. Solo rostros de tristeza y desolación se veían en los médicos, había que tomar una decisión.

Con total franqueza y claridad, el doctor puso el panorama sobre el tapete.

- "No hay mucho que hacer con tus piernas". Dijo el doctor Pardo.

La infección que ya era una osteomelitis agresiva estaba avanzando, no se había podido controlar con todos los antibióticos de última generación que me habían suministrado, se estaba absorbiendo el hueso. Prácticamente, si no me amputaban de inmediato, lo inminente era que me muriera, porque no había seguridad de poder controlar la infección con todo lo que se había hecho. La osteomielitis seguiría subiendo, carcomiéndose el hueso y llegaría al torrente sanguíneo donde ya no habría nada más por hacer para salvar mi vida.

Una decisión sumamente difícil y fuerte, pero no había nada más qué hacer ni pensar, yo era el único que podía permitirlo y el que debía firmar para que me amputaran, teníamos que tomar la decisión con Paola, entonces nos dieron un día para pensarlo y programar el procedimiento a seguir.

- "Dios mío ¿no sé qué hacer?"

Orábamos con Paola par que fuera lo mejor, Su Voluntad, pero obviamente yo entré en una de esas crisis de fe, en cuestionamientos naturales difíciles de afrontar y al punto de llegar a pensar:

"Tú eres bueno Dios, ¿por qué ahora esto?"

"¿Lo hago o no? Yo sé que Tú tienes el Poder, Señor Jesús, para sanarme totalmente y devolverme las piernas, ¿cuál será la mejor decisión?

¿Y Si Tu Voluntad es otra?"

"¿Y si no me sanas?"

"¿Si me muero?"

¿Dónde queda la Fe?

A todos los que creemos en un Dios Todopoderoso y que hace Milagros, nos han sobrevenido esas crisis de preguntas y cuestionamientos al momento de tomar determinaciones trascendentales: "yo te creo, Jesús, pero ¿cuál es Tu Voluntad, Tu Plan con todo esto?", "¿y si tu respuesta es no?"

No sabía qué hacer, no entendía.

Dios trabaja de manera particular y especifica con cada uno de nosotros, lo único que sé y que hemos aprendido a lo largo de todo esto es que absolutamente todo es para bien, para Su Perfecto Plan y como nos dijo antes de entrar en esta clínica: "YO SÍ SÉ LO QUE ESTOY HACIENDO" "Yo tengo planes de bienestar y no de calamidad para ustedes, para darles un futuro y una esperanza real, su esperanza." Es a Su manera, no a la nuestra.

Al otro día, después de quedar también dándonos vueltas en nuestro corazón la frase magistral que dijo el Doctor Pardo:

- "Juan Manuel, tienes tus manos, tu cabeza y tu corazón para vivir y hacer muchas cosas; aunque no lo veas así, esto puede ser para mejorar tu vida."

El día anterior, en la junta médica, tomé la decisión y firmé para que se llevara a cabo la amputación. Se iban a intervenir y cortar mis dos piernas al mismo tiempo por encima de la rodilla. Amputación Bilateral supracondílea, es el termino médico y técnico sobre el cual imprimí temblorosamente mi autógrafo. En esa hoja blanca con el logo del Hospital San José, estaba dando mi autorización para la intervención que se llevaría a cabo cuatro días después.

Un día antes de mi amputación, como si fuera parte de una tragicomedia y con el humor que caracteriza a Dios en ciertas situaciones, una señora que me fue a visitar con su hija, tratando de darnos ánimo o esperanza antes de lo que me iban a hacer, entró a la habitación donde estábamos Paola y yo y me dijo:

- "Juan Manuel, por favor envíale saludos a mi Jesús en el Cielo."

Luego su hija dijo:

- "Cuando yo toque piano, lo voy a hacer en honor a ti."

Qué tacto, qué sutileza, querían, según ellas, impregnarme de ánimo, pues fue muy poco lo que lograron, después de muchos años lo recordamos y nos hace reír. Aunque estoy seguro de que, nuevamente era lo que muchos pensaban, que me iba a desangrar y quedar en la intervención quirúrgica de mi amputación.

De 1'75 a 1'20
El mismo pero diferente

Al otro día se llevó a cabo la cirugía, la intervención duró aproximadamente 4 horas. Luego un tiempo de recuperación y cuando en la noche desperté, estaba ya en el cuarto. Aún mareado, no tenía la conciencia clara de saber dónde estaba ni cómo me encontraba. No me trasladaron de la sala de cirugía a la unidad de cuidados intensivos porque mi estado era estable, sin sangrado adicional aparente y todo estaba aparentemente "controlado".

Al otro día en el cuarto, muy temprano llegó Paola a verme y mirar cómo estaba, efectivamente, más pequeñito.

Cuando desperté ya consciente y levanté la sábana, vi mis dos piernas, o mejor, lo que quedaba de ellas, dos muñones pequeñitos cubiertos con vendas ajustadas y con un dolor extraño que iba incrementando poco a poco, ya que se estaba despertando el sistema nervioso. Exploté en llanto viéndome así, abracé a Paola, quien también me abrazó. Juan Manuel Montañez, el mismo pero diferente, ya no de 1´75, sino de 1,20. No alcanzaba a dimensionar todo lo que vendría para mí al atravesar por la amputación de las dos piernas, me sentía como en otro planeta, me veía y no me reconocía. A Paola le daba también mucha curiosidad el verme de un momento a otro así, como un pedacito de persona, como me decía con cariño. Entre mi llanto y el de ella al verme amputado, oramos. Yo recordé en mi mente la Palabra que seguía siendo nuestra ayuda en la tribulación:

*"Por tanto, no nos desanimamos. Al contrario, **aunque por fuera nos vamos desgastando, por dentro nos vamos renovando día tras día**. [17] Pues los sufrimientos ligeros y efímeros que ahora padecemos producen una gloria eterna que vale muchísimo más que todo sufrimiento".*

2 Corintios 4:16-17 NVI

Y sí que yo me estaba desgastando, estaba más cortico, pero todo, hasta esto era para bien y ser rehecho y restaurado. Para producir una gloria que dura para siempre y que tiene más peso que cualquiera de las dificultades. La Gloria de Dios. Pasaron unos cuantos minutos y empezó a mancharse de sangre la venda del muñón izquierdo, no estaba bien; se despertó totalmente y regresaba nuevamente el dolor, pero ahora el inclemente de la amputación. Paola con urgencia les decía a las enfermeras que llamaran a los doctores porque no paraba el sangrado, le decían que no podían hacer más, pues ya me habían puesto mucha sangre. Luego de insistir y como último recurso el amenazar con denunciar esta negligencia y ponerse muy molestos porque no hacían nada, llegaron los médicos y al verme así, que se había reventado el muñón izquierdo, me pasaron de inmediato a la unidad de cuidados intensivos. No había mucha sangre disponible en el hospital y debían aplicarme varias unidades más.

En ese momento, estando en la Uci, Paola, con ayuda de los Chaparro, unos servidores y amigos con un corazón inmenso, convocaron a donantes de urgencia en el hospital, para que donaran a mi nombre, afortunadamente llegaron muchísimas personas. Dicho por los mismos médicos, ha sido la vez que más gente simultáneamente ha ido a donar sangre. Mientras tanto yo permanecía en cuidados intensivos, tratando de estabilizarme, controlando el dolor y poco a poco dándome cuenta de esta nueva y difícil realidad con todos sus efectos añadidos: físicos, mentales, emocionales y espirituales.

Fueron siete días en la Uci, llorando, orando, pensando y despertándome a muchas cosas, entre estas el famoso "miembro fantasma," que es sentir las piernas aún, pero intentar tocarlas y no encontrar nada. Es desconcertante. Allí, recién amputado y mareado por los medicamentos, con lágrimas que salen de lo profundo de mi corazón, no alcanzando a llenar con mi cuerpo la mitad de la cama en que estaba acostado, llegó una esperanza de Dios mismo, una visión, un encuentro real a manera de luz resplandeciente que se traslucía por las rejillas de la ventana, consolándome como el padre que ama a su hijo, en mi mayor dolor, en mi hueco más oscuro, en mi impotencia total, Él Fue mi Luz y con música en medio de la limpieza diaria que me hacían, empezaba a sentir y oír que me decía: "ya casi, ya casi hijo mío, que te amo, ya casi todo esto va a pasar, aún hay por hacer, y veras la luz de mi Misericordia y de mi Amor, de una nueva manera, pero yo voy contigo, no te suelto de mi Mano, porque mi mayor placer es amar y restaurar."

Luego de esos momentos, de nuevo bajaba mi mirada a buscar mis piernas y no, realmente no estaban, "¡a dónde se fueron, Dios mío!" Una cosa es nunca tener algo, pero otra muy diferente es haber tenido, haberlo usado y perderlo, que ya no existan para ti. Yo tuve piernas, pero ya no eran parte de mí, tenía que aprender a manejar esta situación y acostumbrarme a ello; no es nada sencillo afrontar esta realidad. Para Paola yo siempre fui y he sido Juan Manuel, con piernas o sin piernas, era la misma persona, no cambió su concepto ni imagen de mí, nunca fui ni he sido el "señor sin piernas", sino siempre el mismo, su esposo.

Luego de la Uci me trasladaron al pabellón de hemofílicos. Estaba mal, totalmente desubicado, me sentía perdido, entrando en un hueco inmenso y oscuro. Me miraba al espejo y un halo de tristeza incontenible me rodeaba, me sentía y veía menos, no sé cómo explicarlo exactamente, no sé con precisión cómo describir ese proceso, pero el cúmulo de emociones y pensamientos era incontrolable. Estaban poco a poco disminuyéndome la dosis de morfina y opiáceos para hacer el "desligue" progresivo de esos medicamentos, pero cuando se me bajaba un poco la dosis me desesperaba, entraba en abstinencia y en un desasosiego muy profundo. Hacía lo que fuera, llamadas a personas externas para que me trajeran Tramadol y me lo tomaba para calmarme un poco el dolor. Tuve que salir antes de tiempo de la clínica por esta circunstancia, si me moría por sobredosis, ellos no tenían cómo justificarlo y le dijeron a Paola: "o lo retira del hospital o nosotros levantamos una acción de tutela para que no pueda volver a ningún tratamiento a este lugar, él está teniendo comportamientos que no podemos manejar".

Abandoné el Hospital con el muñón izquierdo todavía en condición crítica, a reventar por la acumulación de sangre y doliendo mucho. Fueron ocho días muy complejos y pesados, las niñas estaban donde Gladis y Paola y yo, en nuestra casa de Cota. Esa semana fue horrible, sin los medicamentos, con el muñón en esas condiciones y la frustración de ya no tener mis piernas. Seguía desesperado por el dolor y la dependencia a esos medicamentos; buscaba desesperadamente lo que fuera para tomar y Paola sufriendo esta situación. Fue una semana de infierno, yo totalmente pálido y disperso, me dolía hasta la parte más mínima del cuerpo por la amputación y necesidad de medicamentos para el dolor.

Desangrada-Hasta la última gota

El viernes de esa semana, 19 de julio de 2013, en la noche tuvimos una fuerte discusión con Paola, menos mal no estaban las niñas en la casa. Finalmente, por el desgaste producido en ese conflicto nos acostamos a dormir. Paola quedó dormida, yo intentaba, pero no lo conseguía, no lograba descansar ni acomodarme por el dolor y la ansiedad. Hasta altas horas de la noche, sobre la 1 o 2 de la mañana, quedé dormido, agotado por el cansancio.

Al amanecer del 20 de Julio, al levantarse Paola muy temprano sobre las 5 y media de la mañana, se dio cuenta que yo estaba desmayado. Ella pasó su mano por mi frente y estaba sudando frío, casi sin conciencia y blanco como un papel. Cuando miró con más detenimiento se dio cuenta que mi muñón izquierdo, que estaba un poco salido del borde izquierdo de la cama, se encontraba goteando sangre, y luego pudo observar un charco de sangre muy grande sobre el tapete de nuestro cuarto. La herida del muñón se había estallado. Esa semana desde mi salida de la clínica, venía acumulando sangre, la presión subía y se había formado un coagulo terrible en toda la punta, hasta que llegó al momento de no soportarlo más esa madrugada. Me había desangrando. Rápidamente, como pudo Paola, me inyectó la aguja y colocó una dosis de factor VIII, que teníamos de reserva en la nevera de nuestra casa e inmediatamente llamó a mis padres para pedir ayuda. A los quince minutos aproximadamente llegaron a nuestra casa y me llevaron junto a mi esposa a la Fundación Cardio Infantil, el centro médico de alto nivel más cercano que había de nuestra casa en Cota. Yo continuaba con la piel helada, empapado en sudor, con el muñón goteando sangre; en mi poca consciencia de ese momento, me acuerdo de que abría los ojos y no podía ver, me estaba yendo poco a poco.

Al llegar al hospital, en medio de la angustia, se pidió rápidamente una camilla para ingresarme a urgencias y estabilizarme, tratando de parar el sangrado. Al instante me empezaron a atender, yo estaba perdiendo la consciencia, con los ojos cerrados. En un instante un médico dijo:

- "Hay que canalizarle la yugular".

Me cuentan que yo abrí los ojos un segundo súbitamente y dije:

- "No, en la femoral".

Me fui, perdí el conocimiento. No recuerdo nada más.

Me contaría mi esposa, después de salir nuevamente de esta, que estuve varias horas desmayado en urgencias sobre una camilla; me pusieron en total cuatro unidades de sangre O+, mi grupo sanguíneo, y aun así no reaccionaba; continuaba hipotérmico, no estaba saturando oxígeno en la sangre, la tensión la tenía supremamente baja. A Paola, su hermana y a mis padres, los dejaban entrar a mirarme y en el monitor cardiaco se evidenciaba con la señal que mi corazón estaba palpitando en lapsos de tiempo muy espaciados y muy débiles. Me estaba muriendo otra vez.

Pidiéndole nuevamente a Dios por mi vida afuera de la clínica, Paola, que estaba con Paty su hermana que vino de Barranquilla, fue un apoyo enorme, junto con su sobrino Ignacio y mis padres, aguardaban el desenlace de este nuevo episodio.

A las diez y media de la mañana, decidieron pasarme una vez más a cirugía, no sin antes decirle a Paola, que entrara y se despidiera de mí (ya era como la décima vez, a estas alturas, ya habíamos perdido la cuenta) que estaba muy débil, agónico, por toda la sangre que había perdido y que por mi hemofilia severa no iba a aguantar la intervención. Al entrar al quirófano, retomé mi consciencia unos segundos. Abrí los ojos y miré hacia un lado donde había un tablero blanco con el logo de la Fundación Cardio Infantil, con un marcador borrable azul, encima de cada campo de datos del paciente, estaba mi nombre junto con mis otros datos de antecedentes clínicos. Hice una pequeña oración, poniéndome en manos del Señor. No recuerdo más, hasta que desperté al otro día. No se supo nada de mí desde las diez de la mañana hasta las ocho y media de la noche, momento en el cual, luego que mi papá entrara un segundo a verme en recuperación y salir, le hizo a Paola con el dedo pulgar de la mano derecha la señal de OK, había soportado la intervención.

Al otro día, temprano en la mañana, fueron a visitarme Paola, su hermana y su sobrino. Todos pensaban y esperaban lo peor, que iba a estar demacrado, dormido y sin poder hablar, pero no, me encontraba sentado como si no hubiera pasado nada y comiéndome dos desayunos, un par de huevos cocinados, dos panes, café, jugo y fruta. Había vuelto como el ave fénix, y con ¡mucha hambre! Otra oportunidad de Dios, dando fuerzas a mi organismo y metabolismo para vivir.

"¡Aún no hemos acabado!" Podía oír a Dios diciéndome al oído.

....

*Y estoy seguro de que Dios, quien comenzó la buena obra en ustedes, **la continuará hasta que quede completamente terminada** el día que Cristo Jesús vuelva.*
Filipenses 1:6 NTV

....

*El SEÑOR llevará a cabo **los planes que tiene para mi vida,**
pues tu fiel amor, oh SEÑOR, permanece para siempre.
No me abandones, porque tú me creaste.*
Salmo 138:8 NTV

....

La Carambola ¡Una más!

Fueron dos días en la Fundación Cardio Infantil y me trasladaron nuevamente al San José Centro. Llegué a un cuarto deplorable, horrible, en el primer piso, todo se veía viejo y lúgubre, las puertas muy altas y grandes con un estilo antiguo y muy frio. Dios ahí seguía tratando mi orgullo y triturando mi corazón, Él sí sabía realmente lo que también iba y quería transformar en mi vida, Dios nunca se desenfoca de su objetivo. Duré tres días allí y me subieron nuevamente al pabellón de hemofílicos para finalizar la recuperación de ese muñón izquierdo. Estaba empezando a mejorar, a sentirme más fuerte, con fe me sujetaba del Señor con el apoyo de mi esposa, hijas y toda la familia.

Para sumar otra adversidad a esta historia, en medio de todos los exámenes de sangre que me hicieron, corroboraron una sospecha que tenían los infectologos meses atrás. Ahora, y nuevamente por una transfusión de sangre o algún medicamento contaminado, para acabar de completar el cuadro, estaba contagiado con Hepatitis C. Gritaba en mi corazón: "Dios mío, la vida se ensañó conmigo, por qué, no lo puedo creer".

- "Hiciste carambola conmigo, Dios, con todo lo que me ha pasado," le decía entre queja y lamento, peleando nuevamente con Él y no con nadie más.

- "Hemofilia, Sida y ahora hepatitis, hubiera sido más fácil, por probabilidades matemáticas, acertar la lotería." Entre risa y llanto me desahogaba con el Señor.

Pensaba: "Otro tratamiento, más exámenes, ¡no quiero más!"

Fue recibir otro balde de agua fría para mí y mi familia. Otra enfermedad que me podría llevar a la muerte. Pero bueno, ¡para adelante!, a nuevamente ejercitar y poner a prueba la fe en Dios, fue nuestra decisión. En mi corazón, era como si oyera nuevamente a Dios decirme: "bueno, ¿cómo vas?" "Confías en mí?

"Estaba progresando lentamente ese virus y deterioro en mi hígado. Pero la verdad en ese momento no se le hizo mucho énfasis, no fue la prioridad de los médicos, porque ni siquiera podían empezar a dar el tratamiento con el Interferón (un medicamento muy fuerte, expresamente dedicado para tratar ese tipo de hepatitis) porque causaba una anemia agresiva y no era recomendable a los pacientes con hemofilia como yo. La prioridad fue recuperar mi vida de toda la dificultad asociada con la amputación y posibles sangrados de los muñones.

El colegio en el que estaban las niñas, fue también muy especial en la manera en la cual las rodearon y les dio apoyo sicológico y mucho afecto a ellas y a todos como familia. Además, como si hubiera sido agendado por Dios mismo, los días posteriores a los de mi amputación, vino a Colombia Nick Vujicic, -el hombre australiano, ejemplo de vida, quien nació sin piernas ni brazos- y fue a su colegio esa semana a hablar y compartir con los estudiantes. Nos contó luego una profesora, que cuando Nick estaba dando su charla e hizo el momento en que él solo se cae y se levanta y vuelve a quedar sentado, estaban nuestras tres hijas ahí en primera fila. Entonces se levantó Catalina antes que todos y aplaudió con alegría y una gran sonrisa:

- "Si él puede, mi papi también va a poder"-

¡Dios piensa en todo!¡Fue Hermoso como Él pensó también en preparar y ministrar el pequeño corazoncito de nuestras hijas¡

Una cruda realidad

Salí de la clínica bien en medio de todas las adversidades presentadas, con toda la actitud de un vencedor, tratando con mis fuerzas y ganas de superar la situación y salir adelante. Pero mis fuerzas no me alcanzaron. Como había tenido antecedentes de comportamientos de abuso y adicción a tramadol y medicamentos similares, se había realizado un compromiso familiar de que yo no manejaría dinero directamente. Paola estaría al tanto de todo, era una manera de cuidar mi corazón. Me ganó más la necesidad de los químicos que ya no estaban en mi cuerpo y aún no aceptar mi nueva condición de estar sin piernas. Creyendo que podía manejar las cosas, rompí el compromiso recibiéndole un dinero a escondidas a mi mamá y obviamente recaí. No podía con la abstinencia, era muy fuerte, es algo tan duro, que duelen los huesos, las uñas, todo el cuerpo de una manera que no se calma con nada. Permanecía temblando, sudando frio, angustiado con la respiración que se me agitaba, cada segundo de abstinencia es como mil horas de un desasosiego inigualable, un infierno y una cárcel de la que por ningún lado se ve una escapatoria, tenía que volver a consumir algún medicamento para aliviar la dependencia tan absurda de cada célula, de cada poro del cuerpo. Estaba hasta ahora dándome cuenta y entendiendo esta durísima realidad, el daño colateral, del grado de adicción tan elevado que tenía y en el que había quedado después de tantas situaciones y tantos años.

Triste y desmoralizador verme en esa condición, pero caer en cuenta es aún más duro. Creo que lo fue más para Paola y las niñas, pues no podían, ni debían convivir con esto, me las estaba llevando por la borda; en lo profundo de mí nunca quise hacerlo, nunca esperé que esto me dominara, pero lo estaba haciendo, ya no había justificación alguna. Me estaba destruyendo y destruyéndolas a ellas. Con la desesperación de ver cómo salir de esto, buscando ayuda en varios lados y personas; unos amigos, que fueron fundamentales en todo este proceso con mi familia, Andy y Adriana, nos contaron de un centro de rehabilitación de la iglesia El Lugar de Su Presencia, pero finalmente no fui a allá, porque era fuera de la ciudad.

Yo sabía que necesitaba hacer algo con esta adicción, no podía seguir así. Así que tomé la decisión de irme a un centro de rehabilitación en Bogotá, por el barrio Santa Helenita, una fundación cristiana para rehabilitar drogadictos.

Paola y las niñas en su impotencia y dolor, pensaban y confiaban en Dios que yo me recuperaría y que se acabaría este infierno de situación. Yo no pensaba en nada más sino en liberarme de esto y no me importaba la cantidad de tiempo que esto se tomara (iba a ser inicialmente un año en tratamiento). Un poco egoísta, pues ni siquiera pensé en qué pasaría con mi esposa y mis hijas, solo pasaba por mi mente el salir de esta cárcel que estaba viviendo. A esto se sumaba el hecho de estar recién amputado, condición a la cual todavía no me habituaba y no podía defenderme solo, viéndome incompleto, me sentía como un desecho humano.

Trato V.I.P.

Llegamos al lugar Paola y yo con la ayuda de un amigo que nos acompañó. El lugar realmente no era nada agradable, paredes agrietadas y en la fachada se veían muchos grafitis. Para lograr ingresar, no pude hacerlo con mi silla de ruedas eléctrica, sino cargado por unas escaleras estrechas y empinadas y en los hombros de uno de los "internos". Era un edificio de tres pisos, muy viejo, rodeado de locales comerciales, restaurantes, peluquerías, en fin; en la primera planta funcionaba un almacén de repuestos para bombas hidráulicas.

Al llegar al segundo piso, nos recibieron un par de personas líderes del lugar, llenamos un par de papeles, le preguntaron a Paola unos datos, pues yo casi ni hablaba, se canceló la mensualidad donada por un amigo, entonces nos dijeron:

"Listo, ya se pueden despedir".

El corazón se me empezaba a destrozar en mil pedazos, yo había entrado voluntariamente, pero al comenzar a caer en cuenta del panorama y de los posibles meses allí, llorando empecé a decir:

"Me quiero ir, no quiero estar acá, sáquenme, por favor".

Pero afortunadamente ni Paola, ni los que estaban ahí, accedieron a mi ruego, a manera de "pataleta", viéndome sufrir, valió más la decisión firme de enfrentar esta situación. Desde lo más profundo de mis entrañas yo sabía que era algo que tenía que vivir y afrontar. Nos despedimos, Paola se fue a casa para estar con las niñas y yo quede ahí solo llorando. Era necesario estar en ese lugar.

Ese lugar era un sitio en el que estaba con aproximadamente 60 hombres más de diferentes procedencias, pero todos drogadictos, reincidentes o en rehabilitación de sustancias como cocaína, heroína o marihuana; lo más común eran consumidores de bazuco, personas con unas realidades que nunca había tenido tan cerca. Tuve que compartir con el "mochas", el "cara e muerte", "el pisa frio," todos ex habitantes de la calle, atracadores, ladrones o recicladores perdidos en el vicio que luchaban por recuperarse. Yo era el único que estaba ahí por medicamentos para el dolor y de manera voluntaria, todos los demás habían sido internados por su familia o recogidos por la policía al ser un problema y un peligro para la sociedad. Vi muchas cicatrices, no propiamente de intervenciones quirúrgicas como las mías, sino de puñaladas, disparos de arma de fuego o riñas, acompañadas de tatuajes que le recordaban ciertas pandillas o grupos al margen de la ley.

Con mi situación de recién amputado en adaptación, me correspondió supuestamente el cuarto VIP en el tercer piso de ese centro; una habitación de tres por tres, donde había tres camarotes de tres plantas, donde dormían los "duros". Compartiría con los líderes de ese lugar y ahí, en el primer piso de una de esas camas tipo edificio; me correspondió dormir. Los demás internos estaban en el segundo piso de la edificación, en un salón al estilo barracas del ejército.

Cada mañana, para el baño éramos 60 hombres desnudos, haciendo fila india, uno detrás de otro esperando su turno para bañarse en ese único baño para todos. El tiempo de ducharse era tan solo 15 segundos contabilizados por persona. A mí, sin piernas, sin aún poderme estabilizar porque había perdido mi punto de equilibrio y sin las suficientes fuerzas en mis brazos, me tenían que pasar como un bulto cargado a una silla de plástico en la ducha totalmente desnudo. El agua era fría, más bien congelada y trataba de bañarme lo que mejor pudiera en esos pocos segundos. De esa misma manera me trasladaban para los diferentes lados del lugar, en el que no había casi nada. No era cuando yo quisiera o necesitara sino cuando alguno de los compañeros, después de rogar varias veces, se compadeciera el corazón y me moviera como un mueble.

Aun en algunas noches, después de arrojarme sobre el colchón duro de tela roja con flores azules y una cobija para dormir, llamaba varias veces y rogaba para que me hicieran el favor de llevarme al baño a hacer mis necesidades, a veces lo hacían, pero en repetidas ocasiones, nadie acudió a mi ayuda y tuve que hacer mis necesidades acostado en esa cama, sumándole la vergüenza de al otro día estar la suciedad en mí y en el colchón.

Yo solo lloraba, hablando con Dios, sin nadie más con quién poder desahogarme y pensando cómo salir de esto: "¿cómo llegué aquí, Dios? ¿Cómo mi vida está en este punto? ¡Ayudadme por favor! "Envía Tu Mano y sácame".

Deprimente, muy triste y hasta denigrante lo que estaba afrontando y teniendo que vivir, siendo tratado igual o peor que cualquiera de los que se encontraba allí, porque ni siquiera podía moverme por mis propios medios ni tenía fuerzas para gritar. La cocina era en la puerta del frente, a metro y medio de distancia del mencionado baño, en la cual arreglaban verduras y papas sacadas de bultos de sobrantes de la plaza de mercado, dejando ahí mismo las sobras en el piso. Todo muy desaseado y lleno de tierra. De este centro de alimentos salían los menús diarios de desayuno, almuerzo y comida. Ahí me encontraba, comiendo pan duro y viejo, recogido de las sobras de las panaderías cercanas, hecho boronas y revuelto con una especie de colada, en la mañana y en la tarde, en la noche un revoltillo de verduras no muy frescas, con agua y algo de sal. Yo no estaba acostumbrado a esto, pero Dios me hizo ver que esa es la realidad de muchas personas y seguía trabajando con todo mi ser.

No había nada qué hacer, no podía escapar ni huir. Dos veces fueron de la Nueva Eps a suministrarme el factor VIII profiláctico y la enfermera que asistió, quedó asombrada del panorama donde estaba, porque incluso era peligroso por las precarias condiciones de salubridad. También Paola fue a visitarme tres veces en esos días, unos minutos que era lo permitido, en una de estas oportunidades con las niñas. Fue muy triste y me desarmaba por dentro, pero por fuera estaba tan atónito que casi no podía ni hablar, parecía que no valiera nada. No me alcanzo a imaginar lo que estaba viviendo mi esposa con las niñas, pero sabía que era necesario pasar por todo este nuevo proceso. Se iban de ese lugar, con la ayuda de don José, nuestro amigo y persona incondicional que mucho tiempo nos ayudó con su carro para trasportarnos; nuevamente me quedaba solo en mis pensamientos y mi corazón hablando con Dios y peleando con mi realidad, o mejor aun, Él martillándome en mi cabeza, confrontándome y buscando más allá de mis piernas, más arriba del torso, por dentro, buscando mi corazón.

Una de esas tardes, sentado en el sofá viejo de tela roída y polvorienta que se encontraba en el corredor del tercer piso, donde me dejaban como un utensilio más, estando aun con el miembro fantasma, sintiendo mis piernas pero no viendo nada, tratando de manejar la abstinencia, sin fuerzas ni punto de equilibrio, en mi soledad y depresión humana de llegar hasta sentirme virilmente impotente, sin ser capaz de hacer nada por mi familia, mi vida llegó a ser puesta frente a frente con esta realidad: era un adicto.

Dios me llevó a ese lugar por Su Misericordia y compasión hacia mí. Fue muy fuerte en realidad, pero necesario, para hacerme ver y mostrarme que si continuaba de la manera en la cual estaba viviendo, o más bien queriendo escapar, abandonándome a tomar descontroladamente, por la razón que fuera, los medicamentos para el dolor, dopándome, lo más seguro es que fuera a perderme y a morirme como un drogadicto, postrado en la calle, en una zona de tolerancia o en una cama de cualquier hospital por una sobredosis, enloquecido por los medicamentos.

Definitivamente iba a perderlo todo, mi hermosa esposa Paola, nuestras tres preciosas hijas regalo del Señor, el Propósito y el Plan de Dios en nuestra vida que Él tenía de antemano, eso significaba una vida desperdiciada. Lo más importante y relevante para un ser humano, iba a perder mi eternidad con Él, esto significaba perderlo todo. De mis ojos salió un llanto amargo y profundo. Fue la primera vez que reconocí de corazón, delante de Él, asumiendo mis errores y pecados, mi condición de dependiente. Había empezado un proceso nuevo hacia una verdadera libertad.

De lo que había programado que fuera un año en ese "Hotel,", finalmente fueron 11 días; de los más confrontantes y difíciles de vivir en mi vida; pero a su vez también de los más cruciales y formadores para mi carácter. Esa noche y por programación Celestial de Dios, había una reunión de oración en ese lugar. En medio de sus intentos de que yo me volviera a encontrar con Dios, conmigo mismo y superara todo esto, mis padres me habían llevado mi organeta a ese lugar.

En frente de los 60 internos de ese lugar, después de cuatro meses sin cantar ni tocar un piano, empecé a entonar una canción que salió de mi corazón ligándola a la letra y melodía de Juan Carlos Alvarado, que resumía en gran parte lo que Dios me llevó a orar con música;

> *"No basta solo con cantar, No basta solo con decir, No es suficiente solo con querer hacer, Es necesario morir.*
>
> *No basta solo con soñar, No basta solo con pedir, No es suficiente solo con querer tener, Es necesario morir.*
>
> *Dame tu vida, esa clase de vida que sabes dar, Dame tu vida, yo*

quiero vivir solo para ti, Dame tu vida, resucítame en ti,
Yo quiero vivir solo para ti"

Poco a poco volvía Dios, volvía a encontrarme; estaba perdido y
Él me halló, refundido y Él me rescataba y tocaba nuevamente.
Gracias, Jesús, por tus procesos divinos.

Recordaba de nuevo Su Palabra:

Por la misericordia de Jehová no hemos sido consumidos,
porque nunca decayeron sus misericordias.

***Nuevas son cada mañana; ¡grande es tu
fidelidad!***
Lamentaciones 3:22-23 RV60

Dios nos ama tanto, que no nos quiere dejar igual, se rehusaba
a dejarme tal cual como era, Su Mano llegó como siempre, en el
momento propicio. Sus Manos de cirujano amoroso intervinieron mi vida para hacerme otra incisión; por fuerte que fuera y lo
mucho que doliera era para mi bien. Por qué nos ama, nos pule y
moldea, y Su Amor nunca se rinde, ni se rendirá, quiere formar en
nosotros su imagen. Su mayor gozo está en amarnos.

Lo que más desea es una vida totalmente rendida a Él.

Crea en mí, oh Dios, un corazón limpio
y renueva un espíritu fiel dentro de mí.
No me expulses de tu presencia
y ***no me quites tu Espíritu Santo.***

Restaura en mí la alegría de tu salvación
y haz que esté dispuesto a obedecerte.
Salmo 51:10-12 NVI

CAPÍTULO 11

¡Levántate, agradece y resplandece!

Una vez, el escritor irlandés ya fallecido C.S Lewis, autor de Las Crónicas de Narnia escribió:

"Tú no puedes volver el tiempo atrás y cambiar el comienzo, pero sí puedes arrancar exactamente desde donde tú estás y cambiar el final". La vida es similar a una carrera, no de cien metros, no de velocidad, sino una maratón de alto rendimiento que no se detiene hasta que damos el último suspiro, en la que debemos ir saltando obstáculos y poco a poco avanzando, siempre con la mirada hacia adelante y no voltear atrás, para realmente acercarnos día tras día más a la meta.

Escondite imposible

Y continuaba mi carrera…

Después de unos siete días en ese lugar, empezaron a llamar a Paola directamente de la Eps, un médico del Hospital San José (algo que nunca había pasado), diciéndole que ese lugar no era seguro, que no tenía las condiciones para tener a un paciente como yo, ni por aseo, ni por seguridad, ni por nada, y que si yo seguía allí no se hacían responsables de mi salud, de continuar con mi tratamiento o dispensándome el factor VIII preventivo que me aplicaban tres veces por semana. Entonces Paola llamó

206 EN SUS MANOS

al lugar para comunicarse con alguno de los líderes de ese centro de rehabilitación y no fue posible que alguien la atendiera o la comunicaran con uno de los directores del lugar, finalmente a raíz de todo esto tomó la decisión y les dijo por teléfono:

- "Ya vamos por Él".

Salí de ese centro al onceavo día, ¿tan pronto...? yo no lo podía creer.

Me sentía con un alivio momentáneo después de todo lo que había afrontado estando en ese lugar, no obstante, el panorama seguía siendo bien oscuro, porque no estaba bien, no estaba recuperado del todo. La rehabilitación no iba a ser tan sencilla. Como opción, la Eps nos direccionó a otro lugar en el barrio Teusaquillo en el Centro de Bogotá. En ese nuevo sitio yo no podía entrar con mi silla de ruedas, era tremendamente difícil el acceso y me dieron como alternativa que todos los días fuera de ocho de la mañana hasta las seis de la tarde a estar ahí, semi-internado. Sin tener muy claro qué hacer, regresamos todos a Cota. Paola y las niñas felices de verme, yo también estaba muy contento, pero aún en mi confrontación. Ahí no pararía todo. Seguía con el proceso que había empezado en ese centro de rehabilitación y cada segundo era inmanejable.

El domingo siguiente fuimos todos a celebrar el cumpleaños de Paola donde mi suegra. Al terminar nos regresamos nuevamente a Cota a nuestra pintoresca casa. Al llegar ahí, mis papas, que estaban presentes, empezaron a opinar acerca de mi situación y de nuestra familia, de cómo debíamos manejarlo, yo permití que se metieran, no reaccionaba en nada, no los detuve porque estaba aún tan concentrado en mí mismo, solo tratando de manejar mi abstinencia invivible y la dependencia.

Al día siguiente, siendo la unidad y estabilidad de nuestra familia imposible de mantener encontrándome yo en ese estado, con Paola y las niñas sufriendo, totalmente desubicado y los síntomas de la ansiedad y abstinencia al tope, tomé la errada y dolorosa decisión de irme de la casa. Lo hice en primera instancia pensando solo en mí, en medio una mezcla de sentimientos y pensamientos, entre ver cómo afrontar y liberarme de esta adicción y el deseo de huir o esconderme en un hueco con mi cabeza en el suelo, como lo hace el avestruz en medio de la dificultad. Las niñas llorando me rogaban que no me fuera, pero yo no pensaba en nada más sino en cómo salir de esas cadenas, que en lo íntimo de mi ser, sabía que era algo que debía afrontar a solas. A Paola y a las niñas las lastimé mucho, en verdad ellas estaban sufriendo más que cualquiera; las cuatro eran las verdaderas víctimas en todo esto. No quería, ni podía hacerles más daño. Esto era invivible, ineludible y doloroso pero apremiante. Hoy reconocemos que por su Soberanía, Dios usó esto para nuestro bien.

Cuando salí de mi casa, Paola, en medio de la incertidumbre, de cierta forma se sintió libre de esa carga que nunca debió afrontar, libre de una vida que la estaba asfixiando. Fue terrible y absurda mi decisión, la de alejarme de mi esposa e hijas, pero luego veríamos, gracias a las misericordias de Dios, que era necesario, así como siempre es necesario el quebrantamiento total para luego llegar a la verdadera reconstrucción y restauración de nuestras vidas. Minutos después Paola le hizo una llamada a la psicóloga del colegio de las niñas, quien después de escucharla con atención le dijo:

-" Paolita tú te vas a arrodillar y a orar con tus hijas ahí, les vas a explicar que el papá está enfermo y le van a pedir a Dios que lo sane y que vuelva a la casa".

Fueron las palabras más apropiadas, el apoyo vital para ellas y en el momento preciso. Luego de colgar, así lo hicieron Paola, Juana, Cata y María Pau, solas en nuestra casa, pero con Dios abrazándolas oraron y lloraron, entregando esto tan complejo en las Manos del Especialista: Las Manos de Jesús. Después de hacer esta oración, Paola salió rápidamente para el baño y se le vino una especie de vómito y escupió al inodoro una bola de flemas inmensa, ella sintió que había sido liberada de algo extraño.

Al día siguiente que me fui de mi casa, mi esposa estaba firme en su decisión de que yo no volviera hasta que esto hubiera cambiado radicalmente. Fue entonces cuando la llamé arrepentido por haberme ido así, sin pensar, sin calcular lo que estaba haciendo y sin medir las consecuencias. Ella, ya al tope de la situación y como decisión más lógica, responsable y coherente, me dijo:

- "No, Juan Manuel, ya no más; ya no puedo más".

Quedé frio al otro lado de la línea, no me tuvo lástima, no accedió a mis explicaciones, hubo un largo silencio y no supe qué más decir. Entre lo que alcanzaba a dimensionar y comprender, porque seguía con mi proceso de desintoxicación y sobre todo de sanidad por parte de Dios, sabía que debía ser así, muy difícil, pero ni Paola ni las niñas se merecían esto. Colgamos y se me despedazó el corazón, quede ahí con el teléfono en la mano, mirando hacia mis piernas que ya no estaban, solo mis dos cortos muñones. Me encontraba desesperado y desubicado en medio de mis equivocaciones y dificultades. Para completar, en esa llamada Paola me contó que la habían llamado del Bienestar Familiar, diciéndole que nos podían quitar las niñas, la patria potestad si seguía viviendo conmigo porque aún estaba en proceso de recuperación de la adicción.

- *"Lo perdí todo"*

Era lo que penetraba mi mente y corazón y lo repetía en voz baja. Más allá de mis piernas, había perdido a mi familia. Y ya no había nada qué hacer, ¿oh sí? Más bien, una única cosa.

Pasos más adentro del desierto

Pasados unos días, nos citaron a mi esposa y a mí al colegio de las niñas con el fin de hablar sobre cómo nuestra situación las estaba afectando a ellas, pero sobre todo para hablar también de nosotros como pareja y ayudarnos. Luego de la reunión con la sicóloga, terminamos hablando con el capellán del colegio, el Pastor Jake y su esposa, quienes luego de ver lo mal que estábamos y compartir un par de experiencias de ellos y algunos consejos, nos dijeron: -"esto que están enfrentando es un monstruo inmenso y no pueden hacerlo solos". Oraron por nosotros. El capellán se ofreció como apoyo espiritual en mi proceso. Hablé con él un par de veces, siendo vital todos sus consejos. Esto me ayudó en mi recuperación, sin embargo, al poco tiempo no volvimos a hablar, era el tiempo de hacerlo a solas con Dios.

Durante todo este proceso tortuoso, el colegio NGC no se cansó de brindarnos su apoyo y varios amigos de la iglesia muy amorosos hicieron una red de apoyo para que a Paola y a las niñas no les faltara nada.

Días después, mi esposa, agotada, clamando a gritos un alivio y poder descansar un poco de lo que había tenido que sobrellevar, decidió ir con las niñas a Barranquilla invitada por su hermana, quien vivía allá, a pasar todo el final del año 2103 y comienzos del 2014. Iban a estar dos meses largos en la capital del Atlántico. Fue un regalo del cielo para ellas, haciéndolas descansar, protegiéndolas y para poder vivir algo diferente, que las ayudara a no pensar tanto en la compleja realidad.

A mí cada vez más y más Dios me iba acorralando en la soledad, en el desierto, dejándome sin intermediarios, bastones o excusas, nada más estábamos Él y yo. Muchas veces nos tiene que tratar a solas para enamorarnos aún más de Él.

"Pero he aquí que yo la atraeré y la llevaré al desierto, y hablaré a su corazón". "y le hablaré con ternura y lo enamoraré"

Oseas 12:14-15 DHH

Cara a Cara

Después de lo que había vivido en el centro de rehabilitación, en medio de ese confinamiento con mis compañeros del cartucho o la calle del Bronx, esos días que el Señor había usado para empezar a quebrantarme, me llevó a zambullirme totalmente en su proceso y trato conmigo. Fueron casi tres meses donde en mi antiguo cuarto de infancia, el mismo Jesús me llevaría a estar ese tiempo prácticamente solo, solo, absolutamente solo, sin nada más que hacer sino aceptar, afrontar mi vida y "enfrentarme" con Él. Hablaba a veces por teléfono con Paola, pero ella insistía que ya no quería saber nada de mí. Hablaba con las niñas unos minutos y con mi corazón en la mano, quería volver a estar con ellas y con mi esposa, pero no podía hacerlo. Seguía luchando con la abstinencia, los síntomas continuaban estando presentes, la ansiedad que cada segundo que respiraba entraba hasta los tuétanos y con angustia existencial rogándole a Dios que me ayudara a salir de ahí con un nuevo toque de sus manos.

Me miraba al espejo y me veía en mi condición de amputado, "minusválido" o discapacitado. Esas eran palabras a las que tenía que acostumbrarme. Creía y sentía que ya no iba a funcionar en ningún aspecto de mi vida, ni como esposo, hombre, papá o trabajador, con la batalla en mi mente de seguir justificándome y quedarme postrado en medio de la depresión y en una cama. Estaba convencido que la mía era una de las condiciones más miserables de un ser humano, pero poco a poco me iba dando cuenta de la verdadera realidad más trascendental, que la condición más miserable no era esta, sino estar sin Dios, sería vivir alejado de Él, sin su Presencia sosteniendo y gobernando mi vida y dependiendo de otra cosa que no fuera Jesús mismo.

Encerrado en esa habitación donde muchos años antes Él me había regalado su arrullo, un susurro de esperanza, su canción de Misericordia y de Amor: *"no temas ni desmayes porque yo soy tu Dios…. yo te escogí, yo te llamé, no te deseché… te fortaleceré y te llevaré con mi diestra victoriosa. Te amaré...*"Promesas cantadas, que al recordarlas, pasaba horas y horas llorando, clamando nuevamente por su intervención, no podía hacer ya nada más, quería arrodillarme, pero me era imposible, porque mis piernas ya no estaban, pero lo que sí podía y Dios necesitaba de mí, era que de una vez por todas ahí, solo ante su Presencia, doblegara las rodillas de mi corazón.

"A ver Juan Manuel, como son las cosas, tú y yo acá ¡vamos a dejar las cosas claras!"... así como dice la Palabra:

» *Vengan ahora. Vamos a resolver este asunto*
—dice el SEÑOR—.
Aunque sus pecados sean como la escarlata,
yo los haré tan blancos como la nieve.
Aunque sean rojos como el carmesí,
yo los haré tan blancos como la lana
Isaías 1:18 NVI

Su Dulce Voz, más que un reclamo o dedo acusador, una Voz nuevamente amorosa y compasiva diciéndome: "¿Acaso no soy yo Dios, Soberano que puedo hacer lo que yo quiera? YO SOY, yo soy tu Dios, tu Único Dios, Quien por amor a mí mismo borró tus pecados, me acercó a ti y te quiero solo para mí, porque te amo". No alcanzaba a entender cómo, ni por qué Dios me había escogido y me miraba con tanta ternura. Hay segundos en los que aún no lo alcanzo a comprender, pero sé que no es porque yo sea muy bueno o merezca algo, sino por su Amor y Compasión hacia mí, porque en su Soberanía así lo decidió.

En esos largos momentos de esta cita a solas con mi padre celestial, cita que duró varios días en ese lapso de tres meses, empecé a escribir en un cuaderno viejo, líneas y líneas de mi vida, de todo lo que había sentido, pensado, afrontado y hecho a lo largo de tantos años al borde de la muerte. Anotaba cada segundo que me había dolido y lo que había llegado a mis manos repentinamente sin saber cómo afrontarlo y continuaba escribiendo: "*gracias, gracias Dios por absolutamente todo*", "*perdóname Señor porque en verdad, yo todavía creía que podía tener el control de algunas situaciones de mi vida y no te lo había dejado enteramente a ti*". Lloraba y oraba, escribía y escribía más líneas, que en medio de lágrimas liberadoras Él las usaba para sanar y limpiar mi alma.

Así como yo dije muchas veces: "*no merezco el sida, la hemofilia, la hepatitis, la amputación… no hice nada para merecer esto*", tampoco era merecedor de esa Gracia salvadora, un regalo por el cual no tuve que hacer nada más, sino reconocer mi condición y entregarme a Él. Fue desde ese instante que vi y empecé a sentir un torrente que me inundaba de amor y perdón, como un baño gigante de agua que me empapaba, como si estuviera debajo de una catarata de la cual no podía escapar, donde fuera y donde quisiera huir de esa fuente de gracia inagotable y restauración ahí estaba y me alcanzaba y me limpiaba.

En medio de esa intervención quirúrgica espiritual y emocional, queriendo salir a flote los síntomas y deseos incontrolables de tomar algo para calmar mi ansiedad, a rastras y como pude, me bajé de mi cama y me tiré al piso en la habitación que estaba a oscuras, siendo altas horas de la noche y le dije con todo el corazón:

> "*Sí, yo quiero ser libre, decido asumir mi vida así tal cual como estoy, mi vida es solo para lo que Tú quieras. Pongo toda mi voluntad en esto, pero si tú mi Dios, no metes tu Mano por mí, no sé qué voy a hacer, hazlo por favor, me rindo, ¡te dejo ganar Señor!*"

Duré llorando como un niño pequeño varios, varios minutos. Sabiendo que Él quería y demandaba el 100% de mi Corazón, de mi alma, de mi espíritu y de todo mi cuerpo, no le servía 99.99 porciento, ¡era todo o nada! En ese hermoso momento se unió su intervención sobrenatural y mi voluntad totalmente rendida, mi decisión; si estas dos cosas no se hubieran encontrado y abrazado, el romper estas cadenas y salir de esta cárcel en la que me encontraba habría sido imposible. No me alcanzo a imaginar dónde habría terminado mi vida de no haber sido así. Porque alejados de Él, nada, nada, absolutamente nada podemos hacer bien, solo hacemos un remedo de intentos en nuestras propias fuerzas.

Extendiendo su mano desde lo alto,
tomó la mía y me sacó del mar profundo.
[17] Me libró de mi enemigo poderoso,
y de aquellos que me odiaban
y eran más fuertes que yo.

Salmo 18: 16 -17 NVI

(Ver todo el salmo 18)

A partir de la mañana siguiente, empecé a sentirme más ligero, más descansado y no por el hecho de no tener piernas; incluso todavía continuaba con la sensación de tenerlas y luchaba con el miembro fantasma, sintiendo calambres o queriendo rascarme el dedo gordo del pie. Ese nuevo día la situación era muy diferente, no tenía la ansiedad que horas antes no me dejaba vivir, fue como si un halo de opresión y esa carga tan compleja que pesaba sobre mi vida ya no estuviera. ¡Sabía que estaba libre!

Así que, si el Hijo (Jesús) los libera, serán ustedes verda-
deramente libres.

Juan 8:36 NVI

No volví a sentir la abstinencia devastadora, me dejaron de temblar las manos, que lo hacían involuntariamente por los efectos de los fármacos en mi sistema nervioso y el deseo de consumir alguna pastilla de cualquier medicamento, Tramadol, Oxicodona, Metadona o lo que fuera, siendo que antes buscaba hasta un dulce para consumir, ahora no lo deseaba ni necesitaba nada.

Después de ser rescatado de mi adicción empecé a decirle en mis oraciones al Señor, así les suene un poco extraño:

"Señor, quiero ser adicto a tu presencia, a la vida, al amor, a mi esposa, a mis hijas, a tus planes, a tus sueños, a tu palabra, quiero ser adicto a tu perfecta voluntad"

No quería verme al final de mis días con una vida desperdiciada. Volví a cantarle a Dios en ese cuarto de 3 x 4 metros cuadrados. Era necesario, difícil, pero imprescindible, así como lo dije en esa primera confesión desentonada cantando a media voz enfrente de mi teclado y delante de otros seres humanos dependientes como yo, en los 11 días en el centro de rehabilitación. Era necesario ser quebrantado, morir, morir a mí mismo, para poder volver a vivir. ¡Perder para ganar!

"Ciertamente les aseguro que, si el grano de trigo no cae en tierra y muere, se queda solo. Pero, si muere, produce mucho fruto. 25 El que se apega a su vida la pierde; en cambio, el que aborrece su vida en este mundo la conserva para la vida eterna".
Juan 12:24-25 NVI

El milagro de mi liberación había sido evidente y casi de inmediato, pero seguía el proceso. Porque la vida es una aventura diaria y no para, aún había muchas cosas más que aprender. Cada segundo continuaba mi formación restauradora y transformadora con el Señor... y sé que ¡no se detendrá!

"En Construcción"

Todos tenemos colgado este cartelito en el cuello, pero lo importante es que estemos avanzando y la obra del Señor en nosotros también. Ni siquiera "quietos", el detenernos no existe, al creer que podemos hacer pausas, lo que estamos haciendo es retrocediendo. Dentro de esa reconstrucción, parte del cambio de actitud, fue asumir y entender, de manera sincera conmigo mismo, que yo era, soy y seré espiritual y moralmente responsable de todas las decisiones que tomé en mi vida y que iban a afectar no solo mi destino sino el de las personas que más amo, de mi esposa e hijas, me las estaba llevando por delante. Y que si o si, soy y somos responsables de vivir las consecuencias de nuestros actos, y estas consecuencias no las podemos escoger. Era Dios mostrándome y dándome más de su Gracia; que es inmerecida, gratuita, perdonadora, salvadora y, sobre todo, es Poder de Dios para hacer lo que antes yo no podía, lo que era imposible hacer por mis propias fuerzas. Iba aprendiendo cada día que pasaba, a descansar en esa Gracia transformadora para poder vivir, no tan solo sobrevivir como lo hacía antes y que así me faltaran mis piernas, o viviera las más grandes dificultades de salud o de cualquier tipo, con Él y en Él estoy completo, ¡no me falta nada!, que lo más importante era que mi fe y esperanza sobre cualquier situación estuviera en Él y más allá, no en esta vida sino en la eternidad, siendo este el mayor regalo. Lo que era más costoso de solucionar, porque a Dios le costó toda la sangre de su Hijo Jesucristo, ya lo había arreglado y pagado por amor a mí.

¿De qué me sirve ganar todo el mundo, tener todos los logros, conseguir todo lo que quiero y que se pierda mi alma? De absolutamente nada. Así suene un poco crudo, prefiero, Señor, entrar sin piernas al Cielo, que estar acá con ellas, corriendo hacia el infierno. Con Dios estamos completos, Él me da las nuevas fuerzas para continuar, me veo y me siento completo y continúo pidiéndole por mis nuevas piernas, que sé que Él tiene el Poder para que en un segundo, con una sola Palabra, hacérmelas crecer milagrosamente y que pueda volver a usar los tenis azules que tanto quiero, pero si no, no importa, le seguiré dando siempre gracias.

Te amo, te alabo y doy gracias, Señor, porque me fortalecerás y sé aun si aquí no lo vuelvo a hacer, que en la eternidad, en el Cielo voy a correr y saltar con mis nuevas piernas al lado tuyo Jesús. Ya sea acá en esta vida o en el cielo, sé que Tú completas tu obra de sanidad total en mí".

Él fortalece al cansado
y acrecienta las fuerzas del débil.
Aun los jóvenes se cansan, se fatigan,
*y los muchachos tropiezan y caen; **pero los que confían***
***en el* Señor**
renovarán sus fuerzas;
volarán como las águilas:
correrán y no se fatigarán,
caminarán y no se cansarán.
Isaías 40:29-31 NVI

Restaurando las Ruinas

Continuaban, una tras otra pasando las hojas del calendario, permaneciendo en ese taller del Maestro Celestial, siendo afilado y afinado; encontrando y redescubriendo tesoros únicos, que cambiarían y reconstruirían mi vida. Paola y yo aún separados. Ella en el calor de Barranquilla y yo en el frio de Cota. Hablábamos todos los días por teléfono. Pasada ya la navidad y el año nuevo del 2014, fue muy triste que no estuviéramos esas fechas juntos, lo que más deseaba era estar con ellas, pero aún era imposible. Mi actitud había cambiado, pero obviamente mi esposa no me creía mucho y estaba orando, pensando en lo mejor para ella y nuestras hijas. Seguíamos confiando en Dios y con la firme convicción de que un matrimonio es para toda la vida, pero cuando se pone en peligro la vida y la integridad de los hijos es mejor mantenerse al margen. Ella continuaba orando según el pasaje de Ezequiel 37, por un milagro en esos "huesos secos" o muertos de mi cuerpo y también de nuestra vida emocional y espiritual. Un nuevo soplo de vida desde el cielo.

Cuando hablábamos, con sinceridad y humildad le decía: "perdóname por favor por todo lo que hice y te hice vivir, yo quiero lo mejor para ti, no te quiero perder, quiero que estemos juntos, pero si no, voy a respetar tu decisión, todos los días trabajaré para ser el hombre que tú te mereces y el papá que mis hijas necesitan y sé que con Dios entre nosotros y mi decisión puedo lograrlo".

Paola guardaba silencio.

Regresaba a mi lugar secreto y le decía a Dios: "Señor, no quiero perder a Paola, ni a ella ni a mis hijas, no puedo ni quiero desperdiciar la vida que nos has regalado, hágase tu Voluntad, lo primero que quiero es estar bien contigo y el resto tú verás, tú mandas, tú me das fuerzas para seguir y puedes restaurar nuestra familia".

En Enero de 2014, antes que regresaran Paola y las niñas a nuestra casa, empecé a ir solo a la iglesia Casa Roca de Cota, después de seis meses desde la amputación, aún afrontando el progreso de adaptación a mi nueva discapacidad y trabajando día en mi aceptación física y mental por la falta de piernas. Iba en taxi y con ayuda me bajaban para entrar rodando con mi silla de ruedas scooter al lugar de reunión. Encontré algunos viejos conocidos, me saludaron asombrados por mi nueva apariencia, pero con mucho amor y una sonrisa en su rostro. Fueron tres domingos en los que asistí solo, sin mayor pretensión que enamorarme más del Señor. Allí, en ese lugar, que aún estaba en el colegio de las niñas, el Pastor Henry y su esposa me acogieron con mucho cariño, como luego lo harían con Paola y las niñas.

Durante ese lapso previo a su regreso de Barranquilla, seguíamos hablando por teléfono todos los días, solo pensaba en su bienestar y queriendo demostrarle lo mucho que la amaba a ella y a nuestras hijas, quería invertir cada segundo de mi vida estando unidos. Había asumido compromisos muy claros en cuanto al cambio de mi actitud y comportamiento que reflejaran en realidad lo que Dios estaba haciendo en mi corazón y en mi vida, dejando mi egoísmo a un lado, poniéndola a ella y a nuestras hijas en el lugar que merecían.

Sabiendo que iba a ser un proceso que iba a costar y no de la noche a la mañana, un caminar juntos en el cual habría que sanar poco a poco, restaurar ladrillo a ladrillo nuestra relación, el Señor hizo el milagro en nuestro matrimonio. En medio aún de algunas preguntas, Paola fue movida en su corazón, se dispuso nueva-mente y tomó la decisión de perdonarme. Nos volvió a unir, aun en la distancia. Nuevamente se encontraba lo más importante, la Intervención Poderosa de Dios y nuestra disposición de ha-cerlo y vivir esta nueva etapa. Duele cuando el cirujano mete la cuchilla para sacar el tumor y la infección, pero luego de sacarla y cicatrizar la herida, el paciente recobra la salud. Así mismo, el Especialista en imposibles empezaba a hacer esta microcirugía de sanidad emocional y espiritual, teniendo el perdón como hilo celestial para cerrar las heridas. Ese Perdón es el mejor pegante para cualquier relación. Solos no podemos, ni hay que esperar a "sentir" perdonar, se debe tomar la decisión de hacerlo y ahí sí habrá una intervención sobrenatural, luego vendrá la restaura-ción y restitución.

¡Gracias Señor Jesús, porque tampoco ninguna dificultad o do-lor o separación matrimonial te queda Grande!

De nuevo en Casa

Habiendo llegado ya al acuerdo de que volveríamos a vivir juntos en nuestra casa de dos pisos en el centro del pueblo, cinco días antes de su arribo tuve que ir a la fundación Cardioinfantil nue-vamente a hacerme exámenes, un análisis específico para el tema "olvidado" de la Hepatitis C positivo, infección que me habían diagnosticado tiempo atrás. Por mi condición de hemofílico fue un examen no invasivo al hígado (Fibroescan), un tipo de reso-nancia magnética. Los resultados lastimosamente arrojaron que la Hepatitis C estaba en etapa 3, pre-cirrosis, seguía avanzando la infección. En mi cuerpo ya tenía algunos síntomas incipientes, como el color amarillento de mi piel, pero aun no me podían tratar con los medicamentos disponibles en ese entonces por mi condición sanguínea. Un poco pensativo y con momentos de lucha, pero en paz agarrado del Señor le dije: "Jesús, tú veras, Eres mi Sanador, creo en ti y en tus Milagros, yo sigo adelante poniendo mi fe y mi mirada en Ti". Le conté a Paola los resultados y también con la Paz de Dios que sobrepasa todo entendimiento y confiando en que mi vida y nuestras vidas seguían en sus manos, no nos angustiamos y descansamos en Él.

A dos días de que llegaran de su viaje yo ya las estaba esperando en nuestra casa, organizándola lo mejor posible. Con un balde, una escoba y trapero en mis manos, me encontraba limpiando la casa desde mi silla de ruedas, rodando de aquí para allá en el primer piso por donde me podía mover y por tandas. Feliz mientras me seguía acomodando y adaptando a andar motorizado y no a lo que no podía hacer, sino a todo lo que ¡sí podía hacer! Me quedó reluciente como "una tacita de plata". Cuando entraron por la puerta, no cabía en mi silla de la alegría, todas estaban muy bronceadas y hermosas, las tres "gorditas" felices de ver a su papá y de ver a sus papás nuevamente juntos. Me acerqué a Paola, la miré y le dije: "te amo", entonces nos abrazamos muy, muy fuerte, nos dimos un beso y empezaron a contarme todos los detalles de su viaje. Cara a cara con mi esposa, los cinco juntos a vivir de nuevo y dispuestos a disfrutar lo que Dios iría haciendo momento a momento con su Mano Misericordiosa y sus promesas cumpliéndose.

"El esplendor de esta segunda casa será mayor que el de la primera —dice el Señor Todopoderoso—. Y en este lugar concederé la paz", afirma el Señor Todopoderoso»."

Hageo 2:9 NVI

Desde ese momento para acá, trayendo obviamente cada día su propio afán y luchas nuevas, hemos experimentado la restauración y bendición del Señor a manera progresiva, de gloria en gloria, de victoria en victoria y en aumento, como lo dice en su Palabra.

"Más la senda de los justos es como la luz de la aurora,
Que va en aumento hasta que el día es perfecto"
Proverbios 4:18 RV60

Nuevas Bendiciones empezaron a llegar, más allá de lo material, buenas dádivas y regalos que vienen de lo Alto, en amor, en vida, en paz, en gozo, en espíritu, en su Plan y Propósito perfecto con nosotros. Sin Dios y sin mi esposa, nada de nuestra historia habría sido posible.

Autoaceptación es inclusión y superación

Febrero 2014, volvía poco a poco la cotidianidad a nuestro hogar; las labores de la casa, Paola trabajando durante ese año en el colegio NGC y yo saliendo con mi silla de ruedas motorizada a dictar las clases de piano en el pueblo. Iba y venía de la casa al trabajo rodando en mi vehículo inseparable. No lo puedo negar que al principio el atropellarme con la realidad, no solo de un entorno poco amigable para mi movilidad; (andenes, aceras, carros mal parqueados, escalones que me impedían acceder con facilidad a diferentes sitios), o el que algunas personas me observaran extrañamente, niños me miraran y se rieran, obviamente con su inocencia característica y gritaran a todo pulmón señalándome con el dedo: "miren ahí va ese señor que no tiene ¡patas!" O como lo que incluso me pasó en tres ocasiones, que me pararan mientras deambulaba por las aceras del pueblo y me dieran dinero por la calle a manera de "limosna"(una vez me dieron dos mil pesos, la última que me dieron fue una moneda de quinientos pesos) me hacía pensar muchas cosas, me golpeaba muy fuerte, llegando al borde de caer nuevamente en la depresión.

No sabía si aún al salir por las calles quedaba algún vestigio en mí, de actitud de pobrecito o lástima en mi semblante que provocara esto o simplemente era una prueba y la realidad que debía aprender a superar; pero al llegar a mi casa con esa moneda de quinientos pesos en mi mano, luego de varios días estrellándome con esas realidades inevitables, me encerré en el baño a llorar unos minutos y le dije a Dios, en medio de esta impotencia: "¿Señor, Dios mío, no lo puedo creer, esto valgo? ¿Esto quedé valiendo para la sociedad?, para mi entorno? ¿Para los demás?" Pasaron unos segundos en esa batalla mental y sentí que Dios nuevamente en mi corazón me hablaba firmemente: "No, Juan Manuel, levanta la cabeza, lo que yo quiero es que tú salgas, sonrías y brilles con mi luz a través de ti y podrás hablar más de mí y de lo que yo hago incluso sin tener que abrir tu boca, sin decir ni una sola palabra, solo sonriendo, agradeciendo, resplandeciendo". Y continuaba: "tú vales es porque Yo te doy tu valor, porque tú me perteneces, yo voy delante tuyo, y di hasta la última gota de Sangre de mi Hijo Jesucristo en la Cruz, así que levántate!"

"¡Levántate y resplandece, que tu luz ha llegado!
¡La gloria del Señor brilla sobre ti!"
Isaías 60:1 NVI

Comprendí que mi identidad y valor depende de a quien yo pertenezco, de quién es mi dueño.

Nuestra identidad define lo que somos, lo que valemos y como resultado viene lo que hacemos. A medida que tú mismo aceptas tus realidades y te das ese valor, generas seguridad, confianza y espacios para que la gente se concentre más en tu esencia y aptitudes, que en tu apariencia, en tus dificultades o carencias y al ir generando conciencia de inclusión en tu entorno, haciendo que te tomen en cuenta por lo que eres y vales, se potencializa la seguridad personal y sacamos más provecho de todo, donde incluso tus debilidades y dificultades se convierten en un motor de superación y fortaleza. Más aun entendiendo que la actitud de pobrecito o de autocompasión por la situación que estamos enfrentando, no nos sirve para absolutamente nada, en cambio sí destruye tu carácter, frena el propósito de Dios y pierdes la oportunidad y privilegio de compartir de su amor y lo que Él quiere hacer a través de ti en medio de cada circunstancia de tu vida. Este es para mí el real y centrado amor propio, es la verdadera auto aceptación.

¡Decidí nuevamente levantarme y salir a sonreír y esforzarme dando lo mejor, vivir con alegría y gozo! Todo lo que estaba pasando en el interior de mi corazón, debía ser reflejado en mi exterior, todas las cosas hermosas que estaban ocurriendo en mi vida y nuestra familia, no eran para mí solo y engordarme hasta tener triglicéridos espirituales, sino para dar a los demás y animar otros. Era la oportunidad precisa de llevar la esperanza, fe y el gozo de Jesús por donde estuviera rodando.

> "*Él nos consuela en todas nuestras dificultades para que nosotros podamos consolar a otros.* Cuando otros pasen por dificultades, podremos ofrecerles el mismo consuelo que Dios nos ha dado a nosotros."
>
> **2 Cor 1:4 NTV**

Regresando a las blancas y negras

En mayo de ese 2014, continuábamos yendo unidos los cinco todos los domingos a la iglesia. Muy rápido e inevitable, empezó a arder de nuevo en mi corazón el deseo de servir en lo que yo sabía hacer mejor y que es parte de mi esencia. Le dije a Dios: "acá están mis manos, acá está mi corazón, quiero volver a tocar y servir". La respuesta no se hizo esperar, en un par de semanas pude ingresar al ministerio de alabanza de la Iglesia Casa sobre la

Roca, a tocar el piano los domingos, luego de hablar con el pastor y decirle: -"esto es lo que sé hacer, esto es lo que amo hacer, tocar el piano, acá estoy dispuesto a servir". El pastor, con los ojos vidriosos y de manera muy especial, me abrazó y con una sonrisa me dijo: "estaba pidiéndole a Dios por esto, Juan Manuel, Él tiene planes Buenos para ti y tu familia". Y repentinamente cuatro meses después como parte de lo trazado en nuestra historia, sin estar pretendiendo nada más que servir, quedamos encargados como líderes mi esposa y yo del ministerio de alabanza de la Iglesia Casa Roca en Cota, ahí seguiría el aprendizaje.

Como familia nos cuidábamos de compartir más tiempo y disfrutar las cosas simples de cada día, desayunar, almorzar, comer juntos, esforzándome por ir recuperando los momentos que perdí con mi familia. También pudimos cambiarnos de casa, llegando a vivir en el mismo hermoso conjunto donde estuve toda mi infancia, rodeados de animales y pajaritos, donde hay muchas zonas verdes para jugar, respirar aire puro, andar tomados de la mano con mi esposa por las granjas vecinas y espacio que las niñas pudieran jugar, en fin, árboles, flores, animales y sobre todo paz. Volver a tocar esas blancas y negras de mi piano rodeado de ese hermoso paisaje era casi sublime.

Esta nueva casa fue un cambio del cielo a la tierra en todo sentido. No podíamos creer que estuviéramos ahí. Los dueños, Francisco y Aurorita, nos dieron las mayores facilidades para poder vivir en ese lugar, pero sobre todo su incondicional amistad.

Un año después, Paola dejó de trabajar y se dedicó al hogar y las niñas, con quienes empezamos la metodología home-school (colegio en casa), lo que ha sido una experiencia muy enriquecedora y útil, no solo para su aprendizaje intelectual e ir descubriendo su don y talento específico, sino también como programa perfecto para compartir más tiempo con ellas. Asumimos de primera mano los dos como papás la educación de nuestras hijas en todo sentido: intelectual, moral, emocional, físico y espiritual. Mi familia es prioridad. Nuestra relación de pareja con Paola seguía reverdeciendo siendo cada día mejor. Con el Señor en la mitad nuestra y en primer lugar se cumplía la promesa.

> *¡Qué feliz es el que teme al* Señor,
> *todo el que sigue sus caminos!*
> *²Gozarás del fruto de tu trabajo;*
> *¡qué feliz y próspero serás!*
> **Tu esposa será como una vid fructífera,**
> **floreciente en el hogar.**
> **Tus hijos serán como vigorosos retoños de olivo**
> **alrededor de tu mesa. Esa es la bendición del** Señor
> **para los que le temen.**
>
> *Que el* Señor *te bendiga continuamente desde Sión;*
> *que veas prosperar a Jerusalén durante toda tu vida.*
> **Que vivas para disfrutar de tus nietos**
> *¡Que Israel tenga paz!*
>
> **Salmo 128 NTV**

Ni un Cabo suelto

A comienzos del año 2017, luego de haber cumplido mis primeros cuarenta años, un día después de asistir a los respectivos y periódicos controles médicos, mis últimos exámenes de la Hepatitis C arrojaron el resultado de etapa 4, Cirrosis. Mi hígado se encontraba muy mal, con muchas cicatrices y si no se trataba podía causarme cáncer y riesgo de muerte nuevamente. Ya habíamos oído esto tantas veces que lo mejor que podíamos hacer era seguir teniendo fe, confiar y descansar en las Manos milagrosas de Dios. La necesidad de tratamiento era inminente e inmediata.

Finalmente estaba disponible en el país el Simeprevir y el Sofosbuvir, los medicamentos que sí me podían dar para la Hepatitis C como paciente hemofílico. Sin embargo, ya venía conviviendo y soportando varios de sus síntomas, sentía bastante fatiga, la piel me picaba, la orina estaba de color oscuro, mi piel continuaba tomando una tonalidad amarillenta y algunos sangrados espontáneos en articulaciones aparecieron. Me iniciaron los medicamentos, programado para tomar todo el esquema de seis meses o un año dependiendo de los resultados del mismo. Nuevamente con la Mano de Dios por detrás de todo esto, con tan solo un mes de tratamiento, pasaron de estar en más de 28.000 copias del virus de la hepatitis en mi sangre a estar absolutamente en ceros, ¡totalmente indetectable!

- "Ya está curado, Juan Manuel".

Corroboraron los Médicos en la primera carga viral de seguimiento que hicieron al mes.

Asombroso y milagroso nuevamente, tanto, que mis doctores, el infectólogo, el hepatólogo y hematólogo estaban muy sorprendidos, pero a la vez muy felices por este resultado.

Quedé Sano, totalmente sano de la Hepatitis C.

*"Te exaltaré, SEÑOR, porque me rescataste;
no permitiste que mis enemigos triunfaran sobre mí.*
*²Oh SEÑOR, **mi Dios, clamé a ti por ayuda,***
y me devolviste la salud.

Me levantaste de la tumba,[a] oh SEÑOR;
me libraste de caer en la fosa de la muerte."
Salmo 30:1-3 NTV

¡Dios no deja nada incompleto, siempre termina lo que empieza!

¡Más que Suficiente!

Las mayores bendiciones que he recibido al lado de los milagros sobrenaturales evidentes, son los aprendizajes y tesoros que he recibido a través de todas las batallas, victorias y milagros; y como poder superar cualquier reto o desafío al que la vida nos enfrenta con actitudes y decisiones como el agradecimiento.

"¡Gracias!" es una de las palabras más poderosas y eficaces en esta tierra y en el Cielo, es la manera correcta al acercarnos a Dios, la llave de la puerta de entrada a su Presencia y es una de las herramientas que más puertas abre también en la tierra, es una de las formas de vivir más relevante y que cambia tu existencia. Y en medio de ese agradecimiento continuo, darle el verdadero valor a lo pequeño, a lo sencillo, a las cosas que son aparentemente insignificantes; que son las realmente importantes e imprescindibles en la vida.

Día a día me preguntaba: ¿estoy valorando también las pequeñas cosas y milagros de la vida?

Nunca podemos perder la capacidad de asombro, porque cada día hay cosas nuevas y hermosas, y las cosas aparentemente "simples" son las que marcan la diferencia. Decidí ser siempre agradecido en medio de todo (en lo bueno, lo malo, lo feo, lo regular y lo espectacular, lo simple, siempre agradecer) incluso Ahí, en la circunstancia en la que tú estás atravesando por difícil que parezca, puedes ser agradecido y Dios quiere enseñarte a serlo. Yo decía muchas veces: "pero ¿cómo voy a agradecer en situaciones malas?" Al igual que el perdón y el amor, el agradecimiento es una decisión consciente, es una actitud de corazón, de reconocer que tú no mandas o te mereces todo, o que todo debe girar en torno tuyo.

Porque no es cuanto tengas o si tienes o no, es lo que haces con lo que tienes de la Mano de Dios.

Pregúntate: ¿he llegado al tope de mi agradecimiento? ¿Ya no hay nada por lo cual pueda agradecer?, el agradecimiento va ligado al contentamiento, que es muy diferente a la resignación.

El contentamiento real es permanecer tranquilos y satisfechos como nos encontramos y con lo que tenemos hoy, sabiendo que estamos completos en Dios y no es que no anhelemos o queramos que las circunstancias cambien, pero es aprender a estar en paz y tranquilos que si llega o no llega la respuesta tal cual como yo me la imagino y en mi tiempo exacto, ¡no importa! Aun así, seguiré dando gracias. El contentamiento se centra en a quién perteneces, la resignación se concentra en ti y en tu egoísmo.

La resignación trae frustración y amargura, en cambio, el contentamiento, trae paz, y nos pone en la posición correcta ante nuestro Amado Dios.

Un día podrás decir desde lo profundo de tu ser: "Gracias, Dios porque sé que, aunque esto me duela, no lo quiera y esté sufriendo, aun así lo vas a usar para bien".

¿Por qué no empiezas hoy?

"den gracias a Dios en toda situación, *porque esta es su voluntad para ustedes en Cristo Jesús."*
1 Tesalonicenses 5:18" NVI

Asimismo, aprendí a dejar de quejarme, a dejar de vivir la vida de yoyo. Yo, yo, yo a mí, a mí, pobrecito yo y dejar de pensar solo en mí, que creía que era el centro del universo. Dejé de pensar solo en mis problemas de manera egocéntrica y mirar más servir a los demás; porque siempre habrá alguien que necesita una palabra de amor y aliento y siempre vamos a encontrar a alguien con una dificultad mayor a la tuya, o similar y esto nos hace es sensibilizarnos y dar.

A veces nos la pasamos quejándonos por cosas insignificantes. Que incómoda es una persona que siempre se queja y lo que ocurre es que la queja es contagiosa y destructiva. Revisa tu manera de hablar, ¿te quejas todo el tiempo? Vendrán tiempos difíciles y lo más fácil es ceder a la queja, pero siempre en tiempos de crisis o problemas hay un peligro, pero también hay una oportunidad. Lo que tenemos enfrente es una posibilidad enorme y única de hacer y ser algo, que nadie más en este mundo puede hacer. Y luego de tomar con decisión el camino de afrontar el desafío y superarlo, caerás en cuenta que nunca hubieras aprendido o hecho lo que hiciste para salir de ahí, si no hubieras atravesado esa tormenta.

¡Cambié mi queja en Alabanza! ¡Cámbiala tú también!

"Que todo lo que soy alabe al SEÑOR;
con todo el corazón alabaré su santo nombre.
² Que todo lo que soy alabe al SEÑOR;
que nunca olvide todas las cosas buenas que hace
por mí.
³ Él perdona todos mis pecados
y sana todas mis enfermedades.
⁴ Me redime de la muerte
y me corona de amor y tiernas misericordias.
⁵ Colma mi vida de cosas buenas;
¡mi juventud se renueva como la del águila!"
Salmo 103:1-5 NTV

También aprendí a vivir por Fe, puesta toda mi confianza en Jesús, que es el Único que nos da esperanza sobre toda desesperanza y nos da paz y tranquilidad en medio de cualquier circunstancia. Su promesa es que Él está con nosotros siempre, así se levanten las olas más altas, no nos vamos a hundir si creemos y le pedimos que esté dirigiendo nuestra barca, lo importante es mantener nuestra mirada en Jesús. No podemos vivir por sentimientos, emociones o por las circunstancias, sino con la plena confianza en Él y creer en sus promesas que nunca cambian.

Aun sin yo poder caminar físicamente, decido andar sobre las palabras de Dios, apoyado y sustentado en Sus Manos. Claro,

Dios usa y pone a los médicos también y lo he visto en mi vida; pero por encima y de manera Soberana está Él. Créele más a Dios que a los médicos, más a Su Palabra que a la de ellos, con mucho respeto lo digo, pero es así. No podemos estar todo el tiempo pensando en enfermedad, enfermedad, dolor, dolor, muerte, muerte". Renovemos nuestra mente, cambiemos esos pensamientos por más verdades del Señor en nuestras cabezas.

Dios muchas veces nos pone a mirar la piedra (el problema) y a empujarla para sacar fuerza y músculos, pero luego de ejercitar nuestra confianza en Él, nos pone por encima de ella, nos dice que vivamos por encima de las circunstancias, Él si ve el cuadro completo. Vive por encima de tus problemas. ¡Vuela! ¡Vuela alto!, y levanta tu cabeza. ¡Vive por fe!

Yo Decido poner mi mirada más en la historia de vida que escribió Jesús para mí en la Biblia que en mi propia historia clínica.

Vivimos por fe, no por vista.
2 Corintios 5:7 NVI

Descansa

Tantas veces en medio de mis dolores de la hemofilia le rogué a Dios que esta desapareciera totalmente y años más adelante, viéndome sin piernas también le clamé y lo seguiré haciendo con fe que me las haga crecer creativamente, porque sé que Dios puede reconstruírmelas en un abrir y cerrar de ojos. Sin embargo, simultáneamente una y otra vez me lleva y me recuerda uno de los pasajes más profundos de la palabra en el cual Dios responde de una manera diferente a la que quisiéramos acostumbrarnos. Él también dice: "No", y el hecho que Dios responda negativamente de ninguna manera cambia en nada el hecho de que es Sanador, que su Voluntad es sanarnos y es Todopoderoso, pero a su vez Él es Soberano y que Él manda, yo no. Él puede hacer como le plazca y si no recibimos la respuesta en esta vida, la recibiremos en el cielo.

Me imagino al apóstol rogándole, una y otra y otra vez a Dios: "Señor, quítame esto", luego más fuerte, "Dios por favor quítame esto no puedo más, sáname" y una tercera aún más, con un ruego agonizante: "Señor, Dios mío, no puedo más, no aguanto más, ¡quítame esto!" y el Señor le responde amorosa y soberanamente: no, Pablo, "¡que te baste con mi Gracia!", eso es todo, es todo lo que necesitas.

"Tres veces le rogué al Señor que me la quitara; ⁹pero él me dijo:

«Te basta con mi gracia, pues mi poder se perfecciona en la debilidad».

Por lo tanto, gustosamente haré más bien alarde de mis debilidades, para que permanezca sobre mí el poder de Cristo. ¹⁰Por eso me regocijo en debilidades, insultos, privaciones, persecuciones y dificultades que sufro por Cristo; porque, cuando soy débil, entonces soy fuerte."

2 Corintios 12:8-9 NVI

Y esa Gracia, además de ser gratuita, un regalo y perdón inmerecido, una de las definiciones que más me gusta y que quiero citar nuevamente es: Poder de Dios, es ese poder y favor para poder vivir y hacer lo que antes era imposible para mí por mis propios medios y fuerzas, allí es donde su presencia, su reflejo y su gloria se perfecciona en mí, solo cuando reconozco mi debilidad, me rindo a Él. Entendí finalmente que no hay nada más hermoso, relevante y trascendental para nuestro andar, que reposar en ese lugar, la Gracia de Dios. Es sublime, eterna y es más que suficiente en cualquier circunstancia. Luego de comprenderlo en lo profundo de mi ser, lo dejé plasmado en las líneas de esta canción:

Aquí estoy postrado a tus pies,
Solo quiero descansar en tu verdad
Me rindo a ti, me entrego solo a ti
Eres tú Jesús en quien esperaré
Me rindo a ti y me postró ante ti
Eres tú Jesús mi esperanza y mi fe.
Cuando débil soy, es tu fuerza y tu poder
Es tu Gloria, eres tú mi rey.
Ya no quiero preguntar, ni cuestionarte más,
¡Solo quiero exaltar tu majestad!
Me basta tu gracia, me basta tu amor
Prefiero un segundo entre tus brazos que cualquier bendición,
Porque me basta tu gracia en cualquier situación,
Si tú estás conmigo Dios
Completo yo estoy.

¿Es Jesús suficiente para ti? ¿Te basta con su Gracia?

«Desnudo salí del vientre de mi madre,
y desnudo he de partir. [a]
El SEÑOR ha dado; el SEÑOR ha quitado.
¡Bendito sea el nombre del SEÑOR!»
Job 1:21 NVI

A Cumplir el destino

Ha sido hermoso ver que, al obedecer y someter mi voluntad y toda nuestra familia a Dios, sus bendiciones nos han llegado, nos han alcanzado y hasta nos han sobrepasado, porque Él corre más rápido que nosotros, no tenemos que perseguirlas, estas mismas nos alcanzan.

He encontrado y logrado ver después de cuarenta y dos años, el propósito de toda esta historia que hemos relatado, la que tan sólo hemos transcrito de lo que el Autor de nuestra fe ya tenía editado en el Cielo para publicarlo acá en la tierra. Nada pasa porque sí, pues todo tiene un designio perfecto e infalible. El para qué de mi vida y de mi familia, es su Propósito y su voluntad.

Hoy, nuestras hijas no deberían ni siquiera existir, no deberían estar sanas. Y acá están vivas, cien por ciento sanas y hermosas. Mi esposa Paola, muestra de la fidelidad, amor de Dios y la Fe, no debería estar aún a mi lado, y estamos juntos, tampoco debería estar sana y también lo está. Nuestro matrimonio y familia deberían estar destruidos, pero está restaurado, y yo, Juan Manuel Montañez, humanamente no debería estar vivo y escribiendo estas líneas. Sin embargo, aquí estoy vivo, sano y sonriendo todavía, ¡más completo y feliz que nunca¡, aun sin piernas, más feliz que cuando las tenía, porque he podido amar, agradecer más, sonreír más, ser libre y encontrarme más cerca de Dios, viviendo intensamente en la aventura diaria de la vida.

La hepatitis C está totalmente curada, el VIH-SIDA, después de estar en etapa terminal, está totalmente indetectable y sano. La hemofilia, con la que me dijeron que no llegaría ni a los 6 años, aunque presente aún, está totalmente controlada. Vivo una vida más normal que cualquier otra persona. Y la amputación de mis dos piernas, más allá de ser una pérdida, ha sido una de mis mejores ganancias para aprender a ver y vivir la vida con otro tono, con una nueva melodía, un sentido más profundo y mejor en realidad. Me ha servido para valorar cada segundo de mi existir y a estar más y más agarrado de Dios, en el centro de su Voluntad. Yo no tengo manera de dejar huellas por mí mismo con mis propios pies, y no me importa, Él me lleva en Sus Brazos, siendo sus huellas y sus pies a cada paso que damos juntos, los que quedan marcados, en esta caminata que aún tenemos por delante.

Sí, la vida es una caminata de miles de colores y altibajos, una carrera, es una lucha y es una aventura hermosa. No es como empezamos, sino como terminamos este peregrinaje. Como alguna vez lo dijo Pablo: "yo mismo no pretendo haberlo alcanzado ya", pero sé una cosa: todos los días me extiendo hacia delante, olvido lo que quedó en el pasado y solo miro hacia atrás para agradecer, fijo mi mirada hacia adelante con fe, prosigo al blanco, miro hacia el futuro, a la meta, al objetivo final, a Jesús, a ser formado a su Imagen y ¡ser Luz a los demás!

Ahora puedo decir, como dijo Job después de todo lo que soportó: "solo te conocía de a oídas, de lejos, pero ahora te veo cara a cara, mis ojos te ven, Señor". Porque Él ha sido real en mi vida. *(Job 42:5, 42:12)*, He llegado a comprender que solo a través de la experiencia que su presencia ha tenido trascendencia en mí, no ha sido teoría, ha sido en la práctica donde he aprendido y cuando las enseñanzas son reales y aplicadas siempre generan cambio en nosotros y si no lo hay, es que en realidad no hemos aprendido nada.

Son su Soberanía y Sobrenaturalidad unidas, inseparables y reales, y la libertad que nos da Dios para vivir en su propósito. Para así testificar de lo real y no quedarnos callados. Para crecer como personas, como familia, y para levantar a nuestras tres hijas haciéndolas que lleguen muy, muy lejos en sus planes.

Seguiremos compartiendo y testificando de aquel Quien obra en nosotros más allá de nuestras aflicciones y dificultades, entender que es posible, a pesar del dolor y la adversidad, llegar a la superación de nuestras barreras y limitaciones, con fortaleza, esperanza, determinación personal y fe, siempre se puede salir adelante y seguir viviendo plenamente.

"Al que puede hacer muchísimo más que todo lo que po-
damos imaginarnos o pedir, por el poder que obra eficaz-
mente en nosotros,
²¹ *¡a él sea la gloria ..."*

Efesios 3:20-21

¡Y lo hará contigo!

Así que, apreciado lector que has llegado hasta acá conmigo, al final de estas líneas mas no de mi historia, historia que podría parecerte ficción en ciertos momentos pero que es cien por ciento real. Yo no sé por lo que estás pasando o has atravesado en tu vida, ni siquiera me lo alcanzo a imaginar; de pronto será algo mucho más complejo, es posible que sea algo similar, o tal vez dirás: " no... lo que a mí me ha pasado no es nada".

No lo sé, pero así sea una dificultad física, una perdida, un fracaso familiar, rechazo amoroso, una incapacidad o discapacidad inmanejable, alguna adicción, cadenas o cárceles de las que no has podido salir, o dificultades económicas que te han llevado a la ruina, un divorcio, o la devastadora pérdida de un ser querido o el rechazo y dolor emocional, o tal vez falta de auto aceptación, temores o incluso una enfermedad crónica o terminal e incurable. Solo te puedo decir totalmente convencido que ¡aún hay esperanza!, que si Dios lo hizo conmigo, lo puede y lo quiere hacer contigo, tocar tu vida y tu realidad, cualquiera que sea y por difícil que a ti te parezca, por encima de lo que estés atravesando.

Él siempre está ahí, siempre encontrarás la luz al final del túnel, en todo momento permanece el resplandor y amor de la luz del Señor, así momentáneamente no la veas, su brillo sigue estando ahí oculto, por algunas nubes y la tormenta. La cual terminará también, porque no hay nada imposible, ni siquiera difícil para Dios. Le pido al Señor por ti y oro para que obre en tu vida como lo hizo en mí de manera sobrenatural y soberana, que Él te sostenga, solo confía, espera y sigue confiando, no dejes de mirarlo, ten fe en Él y en lo que es capaz de hacer. Cree, tan solo cree y las cosas imposibles y absurdas llegarán a ser posibles y reales. Porque a veces la distancia entre lo que dices que es imposible de hacer y lo realizable, está en dejar de sacar excusas y tomar la decisión de intentarlo. Y si yo lo pude hacer, ¡tú también podrás hacerlo! Vence tus miedos, supera tus temores, reta tus limitaciones, porque Jesús está de tu lado. Si tan solo te acercas a Él. Su brazo no se ha acortado para salvarte y sanarte. Lo hará contigo más allá de lo que te alcanzas a imaginar y cuando finalmente, rendido a sus pies, aprendas a descansar en Él, a vivir agradecido y con la fe aprobada después de atravesar el fuego de la adversidad, la fe que mueve hasta la muerte, de la misma manera como a mí me ocurrió, veras y entenderás de una vez por todas y para siempre que lo mejor que pudiste hacer, darte cuenta y reconocer, es que todo tuvo un propósito eterno, un plan perfecto y que también tu vida, así como la mía, está y estará segura solo en *Sus Manos.*